Peter Drescher

Moderation von Arbeitsgruppen und Qualitätszirkeln

Ein Handbuch

Mit 21 Abbildungen und 11 Tabellen

Vandenhoeck & Ruprecht

Bibliografische Information Der Deutschen Bibliothek

Die Deutsche Bibliothek verzeichnet diese Publikation in der Deutschen Nationalbibliografie; detaillierte bibliografische Daten sind im Internet über <http://dnb.ddb.de> abrufbar.

ISBN 3-525-49070-4

Satz: Satzspiegel, Nörten-Hardenberg
Druck- und Bindearbeiten: Hubert & Co., Göttingen

Inhalt

Einführung

»Schön, dass wir mal darüber gesprochen haben.« – Wer kennt ihn nicht, diesen Satz. Sarkastisch steht er am Ende einer ergebnislosen Arbeitsbesprechung.

Oder: »Die Ihnen vorliegende Dienstanweisung ist bis nächste Woche umzusetzen! Noch Fragen? Nein. Ich bitte, an die Arbeit zu gehen!« – Wer kennt sie nicht, diese Sitzungen, die den Namen nicht verdienen, und den Stress, der entsteht, eine Anweisung umzusetzen, die der Chef vielleicht selbst nicht verstanden hat, die er aber von ganz »oben« an die Mitarbeiter durchzustellen hatte.

Oder: Er: »Du hast gesagt, ich hätte gesagt . . .« Sie: »Nein, er hat gesagt, du hättest gesagt, . . .« Er: »Unterbrich mich nicht!« Sie: »Ich lass mich nicht länger bevormunden!« Er: »Dann beschwer dich doch! Am besten wegen Mobbing!« – Wer kennt sie nicht, die Streitereien in Sitzungen. Am Ende weiß niemand mehr, worum es eigentlich geht, und alle sitzen mit versteinerter Miene da.

Was ist diesen Situationen gemein? Ihnen fehlt eine Menschen wertschätzende und die Arbeitsvorgänge strukturierende »Moderation«.

Sie als Leserin oder Leser dieses Buches können sich zu einer Moderatorin oder einem Moderator ausbilden oder Ihre vorhandene Moderationskompetenz stärken. Das Buch gibt Ihnen praktische Anleitungen und vermittelt entsprechendes Wissen, um Arbeitsgruppen arbeitszufrieden und erfolgreich zu steuern – ganz gleich, in welchem Bereich Sie arbeiten und welche Funktion Sie ausüben.

Die hier vorgestellten Moderationstechniken bieten sowohl Führungskräften als auch Mitarbeiterinnen und Mitarbeitern ohne Führungsfunktion gleichermaßen die Chance, das eigene Arbeitsverhalten und das der eigenen Arbeitsgruppe zu optimieren. Jahrelange Erfahrungen mit den verschiedensten Arbeitssituationen in Dienstleistungs- als auch Produktionsbetrieben haben mir gezeigt, dass die Arbeit um so erfolgreicher und persönlich zufrieden stellender ist, je mehr Mitarbeiterinnen und Mitarbeiter in einem Betrieb über Moderationsfähigkeiten verfügen.

Wenn Sie sich die hier vorgestellten Techniken angeeignet haben, sind Sie ohne weiteres in der Lage,

- Arbeitsbesprechungen jedweder Art erfolgreich zu moderieren,
- Ihre Kolleginnen und Kollegen oder Mitarbeiterinnen und Mitarbeiter derart zu motivieren, dass sie gern, systematisch, effizient und zielorientiert an ihren Aufgaben arbeiten,
- die eigentliche Ursache des jeweiligen Problems gemeinsam zu erkennen und eine konkrete, schrittweise Lösung des Problems herbeizuführen durch Erstellen und Bearbeiten von Maßnahmenplänen,
- Konflikte zu lösen, indem Sie vermittelnd einen Interessenausgleich der Konfliktparteien herbeiführen.

Dieses Buch enthält einen allgemeinen Teil zur Moderation von Arbeitsgruppen jedweder Art und einen speziellen Teil, der sich mit der »Moderation von Qualitätszirkeln« beschäftigt.

Die Kapitel zur Moderation von Arbeitsgruppen erläutern zunächst die »neutrale« Rolle des Moderators und die zentralen Aufgaben einer erfolgreichen Moderation. Die Moderationstechniken sind auf die Arbeitssituation ausgerichtet. So können Sie die entsprechenden Moderationsansätze und -techniken auswählen, je nachdem, ob Sie in teilautonomen, das heißt weitestgehend selbstständig arbeitenden Teams oder herkömmlichen, das heißt hierarchischen Arbeitsgruppen arbeiten.

Des Weiteren geht es um die Darstellung, wie Führungskräfte die eigene Weisungsbefugnis und die inhaltliche Ergebnisverantwortung mit der neutralen Rolle des Moderators in Einklang bringen können.

Der allgemeine Teil widmet sich der Verbesserung der Beziehungsqualität der Teammitglieder untereinander (»Beziehungsorientierung«) und der Art und Weise, wie die Aufgaben besser strukturiert werden können (»Aufgabenorientierung«). Darüber hinaus wird aufgezeigt, wie sich Aufgaben- und Beziehungsorientierung wechselseitig beeinflussen.

Diese in der Praxis bewährte Grundstruktur soll Ihnen eine sichere Orientierung bieten, um die passende Moderationstechnik in der jeweiligen Situation anwenden zu können.

Die Beziehungsorientierung der Moderation wird sowohl über die Darstellung allgemeiner psychologischer Kompetenzen als auch über die Erläuterung eines pragmatisch ausgerichteten Konfliktmanagements aufgefächert.

Für eine situationsgerechte Moderation werden die verschiedenen Phasen des gruppendynamischen Ablaufs berücksichtigt. So finden Sie spezielle Moderationsansätze und Moderationstechniken für die unterschiedlichen Phasen von Teams, sei es die Anfangs-, Normierungs- oder Schlussphase einer zeitlich begrenzten Arbeitsgruppe oder die Konflikt- oder Arbeitsphase einer dauerhaften Arbeitsgruppe – der jeweilige Zusammenhang ist in Tabellenform übersichtlich dargestellt.

Innerhalb der Aufgabenorientierung stehen motivationale Ansätze der Moderation im Vordergrund der Betrachtung. Motivierend auf die Arbeitsleistung der Arbeitsgruppenmitglieder wirken insbesondere die folgenden, in diesem Buch dargestellten Moderationstechniken.

Erläutert werden Ihnen die Möglichkeiten systematischer Strukturierung von Sitzungen in die Phasen:

- *Gemeinsame Zielvereinbarungen*, und zwar so, dass sich die Beteiligten weitestgehend mit den Arbeitszielen identifizieren können.

- *Zielzergliederungen in Teilziele und die systematische Zusammenstellung der Teilziele in so genannten Maßnahmenplänen*, in denen geregelt ist, wer mit wem bis wann welche Teilziele erreicht. Durch dieses Verfahren werden die Arbeitsgruppenmitglieder motiviert, da Leistung personenbezogen erkennbar und personenbezogene Anerkennung für die geleistete Arbeit ermöglicht wird (Motivation durch Anerkennung).

- *Problemerkennung, Problemdefinition und Problemlösung*: Durch diese im Einzelnen pragmatisch dargestellten Verfahrensschritte

9

können demotivierende Dysfunktionen in den Arbeitsstrukturen behoben werden. Die in diesem Zusammenhang vermittelte Ursachenanalyse nach dem »Ishikawa-Modell« ermöglicht es Ihnen, Dysfunktionen nicht nur oberflächlich anzugehen, sondern Probleme in deren Ursächlichkeit auf Dauer zu lösen. In dem Kapitel »Moderation von Qualitätszirkeln« wird darüber hinaus erläutert, wie Sie das Qualitätsentwicklungsinstrument »Qualitätszirkel« organisatorisch in Ihrem Unternehmen verankern können, um so systematisches Problemlösen zur betrieblichen Normalität zu machen.

- *Abarbeiten der Maßnahmenpläne mittels Fachcontrolling*: Durch Fachcontrolling können Sie sicherstellen, dass die Gruppenmitglieder bei Erreichen der Ziele sich gegenseitig Anerkennung aussprechen und bei Abweichungen von den gesetzten Zielen gemeinsam die ausschlaggebenden Ursachen behoben werden. So wird der gemeinsame Erfolg über konkrete Zielerreichung ermöglicht und über die Erfolge die Motivation der Arbeitenden erhöht und auf hohem Niveau gesichert.

Darüber hinaus werden Ihnen grundständige Strukturierungsmöglichkeiten von Sitzungen (z. B. über visualisierte, offene Tagesordnungen) aufgezeigt sowie konkrete Möglichkeiten einer Feinstrukturierung einzelner Tagesordnungspunkte.

Diesen zentralen Ansatz flankierend werden konkrete Möglichkeiten dargestellt, wie Sie Ihre Kollegen/-innen oder Mitarbeiter/-innen durch die Schaffung optimaler Arbeitsbedingungen motivieren können.

Diese pragmatisch orientierten und bewährten Struktursetzungen werden es Ihnen und dem Team ermöglichen, im Zuge von gesicherten Teilergebnissen sicher und zielorientiert auch durch komplexe Themengebiete zu navigieren.

Visualisierungstechniken als unverzichtbares Instrument der Moderation bilden den Abschluss der allgemeinen Moderationsfähigkeiten. Sie werden nach Sinn und Zweck beschrieben und auf Vor- und Nachteile anwendungsbezogen abgewogen.

Da innerhalb des Arbeitsprozesses die Qualitätsanforderungen und das Lösen von Problemen immer wichtiger werden, gibt es ein gesondertes Kapitel zur »Moderation von Qualitätszirkeln«, das zum einen die Struktur und den Ablauf des klassischen Qualitätszirkels vorstellt, sich aber auch den einzelnen Phasen des Problemlösungsprozesses – von der Problemdefinition bis zur konkreten Lösung – widmet. Dabei wird besonders auf die leicht verständliche und konkrete Durchführung der einzelnen Problemlösungsschritte Wert gelegt.

So kann mit Hilfe dieses Kapitels ein Qualitätszirkel von der Grobplanung bis hin zur Präsentation der Ergebnisse vor Entscheidungsträgern effizient durchgeführt werden.

Hauptfunktion der Moderation

Moderation ist in aller Munde – spätestens seit es einen Bundeskanzler gibt, der sich als Moderator politischer Angelegenheiten begreift. Doch schon Jahre zuvor gewann das Wort Moderation immer mehr an Breitenwirkung: Hier die Radio-Moderatoren (mit meist mehr überflüssigen als vielsagenden Kommentaren zwischen Musikbeiträgen), dort die des Fernsehens in ihren Talk- und Politshows und abends die eleganten Moderatoren, die Stars bei Wohltätigkeitsveranstaltuneng an- und abmoderieren (nicht zu verwechseln mit Anmachen und Abmeiern).

À propos Verwechslung: Auf die Frage der Radiomoderatorin, was denn die frisch gekürte »Miss Brandenburg« nun aus ihrem Schönheitssieg machen wolle, antwortet diese: »Ich möchte auch so eine Moderatin werden wie du.«

Begriffsverwechslungen und der inflationäre Gebrauch des Wortes kommen nicht von ungefähr, da Moderation sehr unterschiedliche Funktionen erfüllt – je nachdem, welche der möglichen Bedeutungen man ihr unterlegt und wie man sie einsetzt.

Die wohl am weitesten verbreitete Funktion einer Moderation, so wie wir sie in diesem Buch *nicht* verstanden wissen wollen, findet sich in Moderationen, so wie sie innerhalb von Rundfunk- oder Fernsehsendungen stattfinden.

In diesen, so wissen wir, führt der Moderator oder die Moderatorin durch die Sendung und kündigt dabei zum einen die einzelnen Programmpunkte an, erläutert und kommentiert diese, zum Weiteren steuert und begleitet er oder sie Diskussionsrunden. – Aber wie!

In vielen Fällen nehmen die Moderatoren/-innen dieser Sendungen eine Funktion ein, die mit der Rolle und Funktion einer Moderation, so wie wir sie verstehen wollen, gänzlich unvereinbar ist. Da werden zum Beispiel Fangfragen gestellt, um Gesprächspartnern »die Wahrheit« zu entlocken, es wird argumentiert, als sei der Moderator selbst inhaltlich in Position und Gegenposition verstrickt, und oftmals werden die Gäste im Streitfall vom Moderator oder von der Moderatorin noch kräftig durch provozierende Einwürfe emotionalisiert.

All diese wohlbekannten Verhaltensweisen unserer medialen Moderatoren und Moderatorinnen stehen den zentralen Funktionen einer Arbeitsmoderation diametral entgegen: Statt sich inhaltlich in Diskussionen einzumischen, Menschen zu emotionalisieren und ihnen zu unterstellen, sie würden sich in den moderierten Arbeitsprozessen nicht wahrhaftig zeigen, gründet die Stärke einer Moderation von Arbeitsgruppen oder Qualitätszirkeln auf diesen drei Hauptsäulen:

- *Der Mensch wird als ein Wesen angesehen, das über vielfältige Ressourcen verfügt,* Leistung erbringt und um »Wahrheit« bemüht ist, wenn man ihm die notwendigen Voraussetzungen bereitstellt. Entsprechend trägt die hier gemeinte Moderation in ihrer Hauptfunktion zur optimalen Strukturierung von Arbeitsprozessen bei.
- *Der Moderator oder die Moderatorin nimmt durchgängig eine neutrale Position ein* und mischt sich nicht in inhaltliche Auseinandersetzungen fachlicher Art ein. Vielmehr zeigt er oder sie Wege auf, kontroverse Inhalte zusammenzubringen.
- *Der Moderator oder die Moderatorin versachlicht in emotionalisierten Situationen* und vermeidet es, durch Provokationen weiter »Stimmung« zu machen. Treten Konflikte zwischen den Teilnehmern auf, so werden diese einer einvernehmlichen Lösung zugeführt.

Aus dieser Abgrenzung zur medialen Moderation ergeben sich für die Moderation von Arbeitsgruppen und Qualitätszirkeln mehrere Funktionen: Moderation ist in allen Arbeitssituationen,

in denen mindestens drei Personen zusammenarbeiten, anwend-
bar. Ihre Funktion besteht *primär* darin, Strukturen in Arbeitsab-
läufen gemeinsam mit den Teammitgliedern zu optimieren; dabei hat sich die Moderatorin oder der Moderator inhaltlicher
Vorgaben zu enthalten. *Sekundär* hat er/sie darauf hinzuwirken,
dass die Teammitglieder eine tragfähige und entspannte zwi-
schenmenschliche Beziehung zueinander aufbauen oder aufrechterhalten können.

Wo immer Menschen zusammenarbeiten, wird es unterschiedliche Vorstellungen davon geben, wie die Arbeit am besten
zu verrichten ist und welche Arbeitsergebnisse in welcher Qualität zu erbringen sind. Innerhalb dieser Meinungsvielfalt übernimmt die Moderation die wichtige Funktion des Zusammen-
führens verschiedener – und oftmals einander widersprechender
– Positionen.

Diese verschiedenen Positionen werden im beruflichen All-
tag, insbesondere in Teamsitzungen oder Verhandlungssituationen, durch eine mehr oder minder rhetorische Auseinandersetzung mit dem Arbeitsgegenstand herausgearbeitet, bei der
jede/r das Gegenüber von der eigenen Position überzeugen und
so den eigenen Willen und das eigenen Interesse zur Geltung
bringen will.

An dieser Stelle setzt die Moderation vermittelnd ein – und
zwar dergestalt, dass über die unterschiedlichen Positionen hinaus immer wieder gemeinsame Positionen gefunden werden,
die von so gut wie allen getragen werden. Hierbei spielt die Fähigkeit, Visualisierungen einzusetzen – das Problem für alle sichtbar zu machen – bei der systematischen Erarbeitung gemeinsa-
mer Positionen eine besondere Rolle.

Die Moderation hat dabei die *integrierende Funktion*,
– eine neutrale Position in Diskussionen, Teambesprechungen
  und Versammlungen einzunehmen,
– durch psychologische Kompetenzen Störungen während Sitzungen zu analysieren und beheben zu können oder Störungen vorzubeugen,
– Sitzungen so zu strukturieren, dass Teilnehmerinnen und Teilnehmer so effizient und gleichberechtigt wie möglich best-
  mögliche Ergebnisse erzielen,

- durch Motivationstechniken sicherzustellen, dass alle im Ausdruck ihrer persönlichen Positionen gefördert werden und gleichermaßen intensiv ein bestmögliches Ergebnis suchen,
- durch den Einsatz moderner Visualisierungstechniken Gedankenprozesse anschaulich und so Ergebnisse und Positionen transparent zu machen.

Die Moderation stellt somit das Gesamtinteresse – den Arbeitsauftrag oder die kooperative Zusammenarbeit – in den Vordergrund.

Die folgenden Kapitel veranschaulichen, wie Sie diese Fähigkeiten und Techniken erwerben oder vertiefen können und insbesondere wie Sie diese in Ihrem Arbeitsfeld umsetzen können.

Aufgaben erfolgreicher Moderation

Das Wesentliche beim Moderieren von Gesprächen, Diskussionen und Arbeitsprozessen erschließt sich bei der Betrachtung der Herkunft des Wortes, das sich ableitet vom Lateinischen *moderare*, gleichbedeutend mit »ein Maß setzen, mäßigen«; entsprechend wird es heute im Sinne von *vermitteln, ausgleichen* verstanden.

Eine Moderatorin oder ein Moderator hat die zentrale Aufgabe, Arbeitsgruppen so zu fördern, dass sie Arbeitsziele bedarfsgenau entwickeln und diese effizient, eigenverantwortlich und mit dem Gefühl der Arbeitszufriedenheit erreichen.

Die dazugehörigen Arbeitsschritte lassen sich gliedern in a) Vorbereitung, b) Einleitung, c) den Hauptteil und d) den Abschluss:

■ **Vorbereitung**
- *Feinplanung der zu moderierenden Sitzung*
  Die Feinplanung sollte am besten in Tabellenform systematisch aufbereitet werden (s. auch Kapitel »Qualitätszirkel« und Formular »Feinplanung« im Anhang):
  • laufende Nummer,
  • Themenpunkte,

- Moderationsmedien (Pinnwand, Flipchart, Overhead-Projektor u. a.),
- methodisch-didaktisches Vorgehen (z. B. »Partnerinterview« als Methode zur Vorstellung der Teilnehmer),
- Zeitraum für die einzelnen Themenpunkte.

— *Beachten der Sitzordnung in einem störungsfreien Raum*
Der Raum sollte angenehme Licht- und Temperaturverhältnisse ermöglichen und frei sein von externen Störquellen. Als Sitzordnung sollte die U-Form gewählt werden, damit alle Teilnehmenden ungehindert Blickkontakt zueinander aufnehmen können und ausreichend Platz für die Sicht auf Visualisierungsflächen gegeben ist.

— *Zeitpunkt optimal wählen und Zeitreserven einplanen*
Der Zeitpunkt sollte sich organisatorisch gut in die Arbeitsprozesse einfügen und – falls möglich – mit den Teilnehmenden abgestimmt sein. Als Zeitreserve sollte etwa ein Drittel der angenommen Dauer der Sitzung eingeplant werden.

— *Visualisierungsmittel vorbereiten*
Die in die Feinplanung eingearbeiteten Medien sollten am besten im Sitzungsraum vorbereitet und auf gute Einsehbarkeit überprüft werden (z. B. die Projektionsfläche des Overhead-Projektors).

— *Bewirtung organisieren*
Bestenfalls sollte Mineralwasser und Kaffee/Tee bereitgestellt werden; auch die so genannten Kontaktkekse helfen gegen den kleinen Hunger und lockern die Arbeitssituation auf.

— *Einladung mit Tagesordnung verschicken oder verteilen*
Falls Sie selbst die Einladung erstellen und verschicken, achten Sie bitte auf ein ansprechendes Layout und eine präzise, eindeutige und vollständige Themennennung; empfehlenswert ist immer auch die persönliche Übergabe der Einladung.

■ Einleitung

— *Begrüßung und Vorstellung der Teilnehmer/-innen (TN)*
Jede Sitzung sollte mit der Begrüßung der TN beginnen; haben Sie besondere Gäste in Ihrer Sitzung (z. B. eine Aufsichtsratsvorsitzende oder den Kollegen einer benachbarten Abteilung), so begrüßen Sie diese einzeln und stellen Sie sie

gesondert vor. Für die allgemeine Vorstellung der TN können Sie neben der Reihumvorstellung auch spezielle Vorstellungstechniken wie das Partnerinterview (zwei Sitznachbarn interviewen einander für 5–10 Minuten und stellen sich dann wechselseitig vor) oder das »Landschaftsbild« verwenden (Sie skizzieren eine Landschaft und bitten die Teilnehmenden, sich vorzustellen, indem diese sich mit einem Symbol in dem Bild verorten, etwa zur Darstellung des Hobbys Fahrradfahren ein Fahrrad auf einen Weg setzen).

– *Sitzungsthema mit Hintergrundinformationen nennen und bestenfalls auch das Sitzungsziel*
Das Thema oder die Aufgabe sollte schon eingangs konkret und anschaulich dargestellt und erläutert werden; dazu gehören auch Hintergrundinformationen zum Grund des Zusammenkommens; falls das formale Sitzungsziel feststeht (z. B. am Ende die Ursachenanalyse zu einem bestimmten Problem durchgeführt zu haben), sollte auch dieses benannt werden.

– *Organisatorisches regeln*
Klären Sie den organisatorischen Ablauf und die Rahmenbedingungen, indem Sie selbst die folgenden Punkte festlegen oder aber die Teilnehmenden dies regeln lassen (am besten über »Anträge zur Geschäftsordnung«, so wie unten beschrieben)
  • Zeitrahmen (einschließlich der Pausen),
  • Rednerliste (ja oder nein),
  • Protokollant/-in,
  • Sitzungsverfahren bekannt geben oder gemeinsam erarbeiten: allgemeines Verfahren nach Tagesordnung; Festlegung der einzelnen Arbeitsschritte wie insbesondere (a) Verständigung über Ist-Zustand, (b) Ursachenanalyse, (c) Ziel-Mittel-Diskussion, (d) Unterscheidung in (ungestörten) Bericht oder Präsentation und anschließende Diskussion darüber, (e) Feedback zur Sitzung.

– *Über eine Offene Frage die Sitzung einleiten*
Offene Fragen (beginnend mit einem Fragepronomen) sind eines der zentrale Steuerungsmittel der Moderation. Durch Offene Fragen holen Sie die nötigen Informationen aus der Runde ein, die Sie zur weiteren Bearbeitung eines Sachverhalts

benötigen. So stellen Sie schon eingangs sicher, dass die Erörterungen nicht auf Annahmen, sondern auf gesicherter Datengrundlage gründen.

■ Hauptteil

– *Neutrale Position einnehmen*
Die neutrale Position ist die Voraussetzung jeder erfolgreichen Moderation. Sie sollte zu jedem Zeitpunkt für die TN erkennbar sein. »Neutralität« heißt vor allem, keine inhaltlichen Vorgaben zu machen, sich nicht inhaltlich zu positionieren und niemanden in der Runde zu bevorzugen oder zu benachteiligen.

– *Auf flexible Einhaltung des Diskussions- und Sitzungsverfahrens achten*
Folgen Sie Ihrer Feinplanung oder der von den TN angenommenen Tagesordnung. Werden Änderungen im Ablauf notwendig, so machen Sie diese Notwendigkeit transparent und schlagen Sie eine konkrete Alternative vor. Wenn kein Widerspruch zu Ihrem Vorschlag kommt, gilt Ihr Vorschlag als angenommen; wird ein Gegenvorschlag gemacht, so fassen Sie diesen als Antrag zur Geschäftsordnung auf und führen die entsprechende Abstimmung durch.

– *Motivation aller Teilnehmer/-innen*
Alle TN sollten gleichermaßen aktiv werden und sich auch zurückhalten können. Besonders motivationsfördernd sind so genannte Offene Fragen; am besten visualisiert und eingebunden in »Kartenabfragen«, die »6-3-5-Methode« oder den »Brainpool« (beschrieben in den folgenden Kapiteln). Vermeiden Sie bitte ein direktes Aufrufen einzelner TN; diese könnten sich vorgeführt fühlen, wenn sie die Frage nicht beantworten können. Motivierend wirkt auch die inhaltlich begründete Anerkennung erbrachter Leistungen.

– *Koordination der Wortmeldungen*
Koordinieren Sie die Wortmeldungen selbst oder delegieren Sie diese Aufgabe an einen Teilnehmer. Ist die Runde entspannt, so können Sie auf eine Rednerliste verzichten; ist die Situation jedoch inhaltlich gespannt (starke Pro und Kontra-Ausrichtung) und liegen viele Wortmeldungen vor, so erstel-

len Sie am besten eine Rednerliste, indem Sie die Meldungen nach zeitlicher Reihenfolge aufnehmen, die Namen der sich zu Wort Meldenden untereinander schreiben und den Namen durchstreichen, wenn die jeweilige Person ihren Redebeitrag begonnen hat. So haben Sie immer die Übersicht, niemanden vergessen zu haben, und behalten den Überblick, wenn etwa durch einen Antrag zur Geschäftsordnung die Abarbeitung der Liste unterbrochen wird.

— *Zum Thema oder zur gestellten Aufgabe zurückführen*
Moderieren Sie themenzentriert. Achten Sie darauf, dass sich die Runde nicht zu weit oder zu lange Zeit vom Thema entfernt. Gehen Sie aber nicht zu schnell gegen vermeintlich abweichende Beiträge vor, da sich manchmal zeigt, dass man als Moderator/-in das Thema zu eng begrenzt hat. Stellen Sie im Zweifelsfall durch eine Offene Frage (etwa »Welche Relevanz hat Ihr Beitrag zu unserem Thema?«) sicher, dass Sie keine wichtigen Inhalte ausgrenzen.

— *Wiederholt (visualisiert) nach Pro, Kontra und Gemeinsamkeiten zusammenfassen*
Die besten Zusammenfassungen sind visualisierte. Sie können die wichtigsten Punkte stichwortartig mitschreiben, auf das Flipchart oder die Tafel übertragen und diese Punkte dann über eine Kurzwiedergabe zusammenfassen. Oder Sie notieren stichpunktartig die einzelnen Beiträge auf Präsentationskärtchen und pinnen sie als Zusammenfassung an die Pinnwand. Verwenden Sie zur Strukturierung der Zusammenfassung themenbezogen das Schema »Pro – Kontra – inhaltliche Gemeinsamkeiten«. Sollten Sie keine Visualisierungsmöglichkeit haben, fassen Sie die Inhalte mündlich zusammen.
Es sollten zu jedem Tagesordnungspunkt zumindest zwei Zusammenfassungen gemacht werden: die erste etwa nach der Hälfte der anberaumten Zeit und eine zur Ergebnissicherung.

— *Lösungsmöglichkeiten anbieten*
Lösungsmöglichkeiten sollten immer und ausschließlich erst dann angeboten werden, wenn die TN inhaltlich nicht mehr weiter wissen; ein zu frühes Angebot könnte die Setzung verletzen, keine inhaltlichen Vorgaben zu machen.

- *Wissensausgleich*

  Es sollten nur eindeutige Fakten eingebracht werden, keine die interpretationswürdig sind. Der Ausgleich fehlenden Wissens darf nicht mit inhaltlicher Einflussnahme verwechselt werden. Fragen Sie in allen Fällen zunächst in die Runde, ob jemand das fehlende Wissen ausgleichen kann.

- *Versachlichen und Entemotionalisieren*

  Versachlichen Sie fortlaufend die Diskussion, indem Sie durchgängig mit Visualisierungen arbeiten (die visualisierten Daten lenken leichter auf die Sachebene). Bei Konflikten können Sie das pragmatische Konfliktregelungsverfahren (»V-I-R«), so wie später erläutert, anwenden.

  Emotionalisierte TN kehren nach »Statementrunden« leichter zur Sachebene zurück. Lassen Sie hierfür auf freiwilliger Basis jeden TN reihum ein Statement zum Problem oder Konflikt abgeben; achten Sie bitte dabei darauf, dass kein Statement diskutiert oder negiert wird; jedes Statement sollte unbewertet bleiben; allein die Möglichkeit zu einer unwidersprochenen Äußerung via Statement entlastet die TN emotional, so dass in vielen Fällen ohne weitere Nacharbeit die Sitzung fortgeführt werden kann.

- *Anträge zur Abstimmung aufnehmen und behandeln*

  Inhaltliche Anträge sollten vor einer Abstimmung diskutiert werden; Sie können hierfür die Phase der »Antragsdiskussion« einfügen, vereinbaren Sie jedoch eine zeitliche Begrenzung. Anträge zur Geschäftsordnung sollen nicht diskutiert werden; erläutern Sie deshalb das Instrument schon zu Sitzungsbeginn. Achten Sie bei der Abstimmung darauf, dass Sie alle Stimmen zählen, auch die Enthaltungen. Bei Stimmengleichheit ist der Antrag abgelehnt.

- *Kontrollfragen zur Sicherung eines einheitlichen Erkenntnisprozesses stellen*

  Stellen Sie Kontrollfragen spätesten am Ende eines *jeden* Tagesordnungspunktes, indem Sie etwa fragen: »Möchten Sie noch weitere Aspekte zu diesem Thema einbringen?« Oder: »Können wir zum nächsten Tagesordnungspunkt übergehen?« Sie stellen dadurch sicher, dass keine Beiträge verloren gehen oder später – die Tagesordnung durchbrechend – nachgeholt werden.

19

■ Abschluss

– *Durch »Geschlossene Fragen« Entscheidungen (Beschlüsse) herbeiführen*
Gegen Ende der Sitzung oder der einzelnen Tagesordnungspunkte sollte daran gedacht werden, ob über den behandelten Sachverhalt eine Entscheidung herbeizuführen ist. Gegebenenfalls lassen Sie entsprechende Anträge formulieren oder Sie tun das selbst. Unterscheiden Sie bitte zwischen inhaltlichen Anträgen und Anträgen zur Geschäftsordnung.

– *Sitzungsergebnisse sichern*
Lassen Sie die Ergebnisse per Schriftprotokoll und gegebenenfalls zusätzlich per Photoprotokoll sichern. Das Schriftprotokoll beinhaltet kurz und präzise allein die Ergebnisse und folgt in seiner Systematik der Struktur der Tagesordnung oder des Ablaufplans der Sitzung.

– *Auf nächsten Termin verweisen*
Vergessen Sie bitte nicht, für Folgesitzungen Thema, Termin und Sitzungsort zu vereinbaren.

– *Sitzungsfeedback durchführen*
Um eine Rückmeldung zum Sitzungsverlauf und Thema sowie zu Ihrer Moderationsleistung zu erhalten, bietet sich eine Feedbackrunde am Ende der Sitzung an. Die Feedbackrunde folgt der Ablaufsystematik einer Statementrunde.

– *Danksagung/Anerkennung*
Die Danksagung am Ende der Sitzung sollte mit einer Anerkennung für das Geleistete und das Engagement der TN verbunden werden.

Um allen Moderationsaufgaben gerecht werden zu können, ist es für die Moderatorin oder den Moderator wichtig, ein vertieftes und systematisches Verständnis von Gruppenprozessen zu entwickeln.

In diesen Prozessen sind emotionale und sachliche Vorgänge im Erleben der Teilnehmenden und zwischen den Teilnehmenden dynamisch miteinander verwoben. So sind bestimmte sachliche Veränderungsvorhaben (etwa in der Betriebsorganisation) oftmals mit Ängsten oder Hoffnungen der Betroffenen verbunden. Moderieren Sie derartig Betroffene zum gleichen Thema, so werden die damit einhergehenden Emotionen der Teilnehmer sich mit der Sachebene des Besprechungsgegenstands vermischen.

Entsprechende Reaktionen wie Abwehr oder Aggressivität werden dann in aller Regel während der Sitzung virulent und müssen mit Konfliktlösungsverfahren angegangen werden. Diese so genannten *intrapersonellen* Konfliktlinien (innerhalb der Psyche des Einzelnen) wirken sich dann in aller Regel auch *interpersonell* (zwischen den einzelnen Personen) aus.

Aber allein schon die unterschiedlichen Interessenlagen innerhalb einer Gruppe können, wenn Teilnehmende die eigenen Interessen oder Wünsche als unterdrückt ansehen, zu interpersonellen Konflikten führen.

Gruppendynamische Prozesse müssen jedoch nicht immer konfliktträchtig sein. So können moderierte Sitzungen auch ausgesprochen harmonisch und sachorientiert ablaufen. Hat eine Arbeitsgruppe die so genannte Arbeitsphase erreicht, werden in effizienter und entspannter Weise die jeweiligen Arbeitsaufträge erledigt.

Je nach vorhandener Grundsituation in der Arbeitsgruppe sollten unterschiedliche, der jeweiligen Situation gerecht werdende Moderationsansätze und -techniken angewandt werden.

Hinzu kommt die Beachtung der prinzipiellen Ausrichtung Ihres Moderationsansatzes: Je nachdem, ob Sie eine herkömmliche, das heißt hierarchisch dominierte Arbeitsgruppe oder eine teilautonome, das heißt weitestgehend selbstständig arbeitende Arbeitsgruppe vor sich haben, sollten Sie Ihre Moderation grundsätzlich entsprechend darauf ausrichten.

So müssen Sie etwa in einer herkömmlichen Arbeitsgruppe, die es nicht gewohnt ist, sich Aufgaben eigenständig zu stellen (da sie diese von Vorgesetzten regelmäßig gestellt bekommt), mehr Strukturen zur Aufgabenstellung vorgeben als in einem Team, das sich schon länger innerhalb bewährter Strukturen eigenständig Aufgaben stellt.

Entsprechend werden im Folgenden die Grundstrukturen von teilautonomen Teams und herkömmlichen Arbeitsgruppen einander gegenübergestellt und die Gruppendynamik sowohl in zeitlich begrenzten als auch in dauerhaft eingerichteten Teams genauer betrachtet. Darüber hinaus werden Wege der Überführung herkömmlicher Arbeitsgruppen in Teams (Teamentwicklung) konkret beschrieben und die verschiedenen Formen der Moderation systematisiert, so wie sie den jeweiligen Arbeitssituationen angemessen sind.

Teams und herkömmliche Arbeitsgruppen

Teams als weitgehend selbstständig arbeitende Arbeitsgruppen (teilautonome Arbeitsgruppen) haben einen empirisch nachgewiesenen großen Leistungsvorteil gegenüber herkömmlichen Arbeitsgruppen. Auch die Arbeitszufriedenheit (Anerkennung und Sicherheit, Zusammengehörigkeitsgefühl) wurde in Teams besser beurteilt als in herkömmlichen Arbeitsgruppen (vgl. die Ergebnisse der Untersuchung von Trist und Bamforth über »integrated task teams« in Staehle 1999, S. 288 ff.).

Dies wird zum einen begründet durch die Aufhebung der weitgehenden fachlichen Spezialisierung, wie man sie in Organisationen mit herkömmlichen Arbeitsgruppen vorfindet, in denen oftmals die eine Arbeitsgruppe nichts von den Aufgaben der anderen weiß, obgleich die verschiedenen Fachaufgaben integral zusammenhängen und zusammenwirken (etwa in differenzierten Fertigungsprozessen, die zu einem einzigen Produkt führen).

In einem Team arbeiten hingegen Personen aus unterschiedlichen Fachaufgaben zusammen und integrieren – meist über moderierte Arbeitsprozesse – die unterschiedlichen Fachaufgaben zu einem in sich zusammenhängenden Aufgabenbereich.

Darüber hinaus werden Leistungsvorteile und erhöhte Arbeitszufriedenheit im Team begründet mit den erweiterten Mitwirkungsmöglichkeiten der Teammitglieder an Entscheidungen (Partizipationsvorteil).

In den klassischen Experimenten von Lewin, Lippitt und White (1939) und denen von Coch und French (1948) konnten eindeutig positive Effekte der Partizipation an den für die Gruppe relevanten Entscheidungen bezogen auf das daraus resultierenden Leistungsniveau festgestellt werden.

Als »Team« wird nach Staehle (1999, S. 265 ff.) eine formelle

Arbeitsgruppe dann bezeichnet, wenn sie die in Tabelle 1 benannten Merkmale aufweist.

Tabelle 1: Differierende Merkmale von Arbeitsgruppen und Teams

Merkmale	herkömmliche Arbeitsgruppe	Team
Ziele	Erfüllung von außen zugewiesener Arbeitsaufgaben	Erfüllung selbst gestellter, betrieblich notwendiger Arbeitsaufgaben
Kohäsion (innerer Zusammenhalt)	das aufgabenbezogene erforderliche Zusammenwirken	synergetischer Teamgeist, d. h. äußere Pflichtgebundenheit wird abgelöst von gemeinsamer wechselseitiger Förderung der Gruppenleistung, um beste Ergebnisse zu erzielen
Normen	betriebliche Ordnungsvorgaben	flexible Normen, je nach Notwendigkeit der Aufgabenerledigung
Rollen	aufgabenkonformes Arbeiten als Arbeitnehmer/-in	durch rotierende Aufgabenübernahme Einnahme verschiedener Rollen zur Erfüllung der gestellten Aufgaben
Leitung/ Führung	durch Vorgesetzte/n	weitestgehend selbststeuernd mit externen/r Vorgesetzten/r
Kontrolle	Fremdkontrolle als Ergebniskontrolle durch Vorgesetzte/n	systematische Selbstkontrolle während der Arbeitsprozesse (»Fachcontrolling«)

Grundstrukturen von Teams und herkömmlichen Arbeitsgruppen

Tabelle 1 zeigt die wichtigsten strukturellen Unterschiede zwischen herkömmlichen Arbeitsgruppen mit internem Vorgesetzten und Teams mit externem Vorgesetzten.

Die Gegenüberstellung dieser Merkmale verdeutlicht den wesentlichen Unterschied zwischen beiden Gruppenformen: Während Teams im Rahmen der jeweiligen betrieblichen Notwendigkeit ausgesprochen eigenständig arbeiten und sich und ihre Arbeitsergebnisse systematisch während der Arbeitsprozesse kontrollieren, ist diese Eigenständigkeit den herkömmlichen Arbeitsgruppen weitgehend fremd.

Somit haben Moderationen in *herkömmlichen Arbeitsgruppen* hauptsächlich Bedeutung in Form von Gesprächsführung. Sie werden insbesondere dann notwendig, wenn Konflikte zwischen den Kollegen/-innen die Arbeitsfähigkeit der Gruppe merklich beeinträchtigen oder wenn diskutiert werden soll, wie die vorgegebene Aufgabenstellung am besten zu erledigen ist.

In *Teams* sind moderierte Teamsitzungen das Zentrum der Selbststeuerung, da es gilt, ergebnisorientierte Diskussionsprozesse zu ermöglichen, um ständig neue Aufgabenstellungen zu entwickeln, deren schrittweise Erledigung systematisch zu begleiten und die systematische, im laufenden Arbeitsprozess angelegte Selbstkontrolle aufrechtzuerhalten.

Da Konflikte und Störungen in Teams sehr leicht an die Oberfläche gelangen, ist immer auch eine Hauptaufgabe der Moderation, Konflikte zu erkennen, deren gebundene, negativ wirkende Kräfte positiv zu erschließen und somit wieder die volle Arbeitsfähigkeit und -zufriedenheit herzustellen.

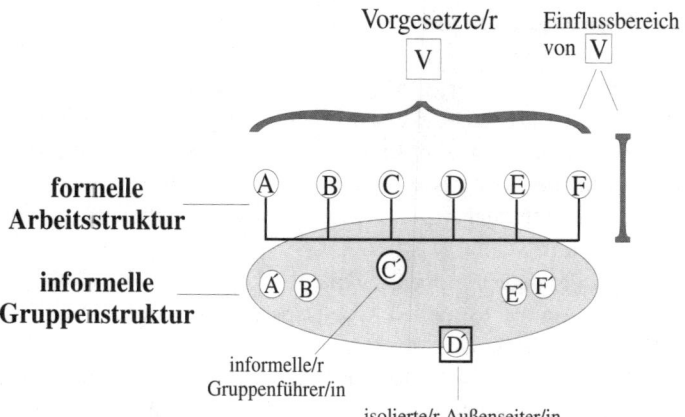

Abbildung 1: Unvermitteltes Nebeneinander von formeller Arbeitsstruktur und informeller Gruppenstruktur in herkömmlichen Arbeitsgruppen

Um die Bestimmung Ihrer jeweiligen Gruppensituation zu erleichtern und somit auch die Auswahl eines angemessenen Moderationsansatzes, werden im Folgenden die Unterschiede zwischen herkömmlichen Arbeitsgruppen und Teams detailliert aufgezeigt und ein der jeweiligen Situation angemessener Moderationsansatz empfohlen.

Betrachten wir die Abbildungen 1 und 2, die jeweilige Grundstruktur einer herkömmlichen Arbeitsgruppe und die eines teilautonomen Arbeitsteams, so werden die unterschiedlichen Anforderungen an die Moderation deutlich (vgl. Richter 1994, S. 109–115).

Herkömmliche Arbeitsgruppe: Unvermitteltes Nebeneinander von formeller Arbeitsstruktur und informeller Gruppenstruktur

Die Moderatorin oder der Moderator in einer herkömmlichen Arbeitsgruppe sollte sich (a) die formelle Arbeitsstruktur und die informelle Gruppenstruktur, (b) den Einflussbereich des Vorgesetzten sowie (c) die Moderationsaufgaben vergegenwärtigen.

■ Formelle Arbeitsstruktur und informelle Gruppenstruktur

Beide Strukturen haben ihre eigene Gesetzmäßigkeit und beeinflussen einander. Innerhalb der *formellen Arbeitsstruktur* arbeiten die Mitglieder an der Erfüllung der zugewiesenen Arbeitsaufgaben, wirken arbeitsteilig zusammen, befolgen die betrieblichen Ordnungsvorgaben und die Anweisungen des/der Vorgesetzten. Dieses formale Arbeitsverhalten macht jedoch immer nur einen Teil der Qualität der Arbeitsergebnisse und der Arbeitszufriedenheit aus.

Die *informelle Gruppenstruktur* zeigt in der Regel eine starke Abweichung von formellen Arbeitszusammenhängen. Dabei differenziert sich die Gruppenstruktur nicht mehr nach den Erfordernissen der zu erledigenden Arbeiten; vielmehr wird die Zusammenarbeit beeinflusst von der Herausbildung eines *informellen Gruppenführers* auf der einen und eines *isolierten Außenseiters* auf der anderen Seite. Dieses Phänomen ist einer jeden

Gruppe immanent, es besteht generell, ohne von bestimmten Personenkonstellationen innerhalb der Gruppe abhängig zu sein (vgl. Scanlob u. Keys 1983, S. 300).

Darüber hinaus bilden sich *Gruppierungen*, die sich bis zur Teilung der Gruppe in »feindliche« Fraktionen entfremden können. Es entstehen *eigene Normen* (z. B. kameradschaftliche Verhältnisse oder interne Leistungsstandards) und *eigene Zielsetzungen* (z. B. die Erleichterungen der Arbeitsbedingungen).

Im Gegensatz zur eher statisch-formellen Arbeitsstruktur bilden sich in der informellen Gruppenstruktur *gruppendynamische Prozesse* heraus, die sowohl die Struktur immer wieder verändern als auch reich an zwischenmenschlichen Konflikten sind.

■ Einflussbereich des/der Vorgesetzten

Der Einflussbereich von Vorgesetzten reicht meist kaum über die formelle Arbeitsstruktur hinaus, die informelle Gruppenstruktur bleibt ihr oder ihm weitgehend verschlossen. Zugleich ist es jedoch den Mitgliedern einer Arbeitsgruppe häufig nicht möglich, innerhalb der Arbeitszeit systematisch auftretende Konflikte zu bearbeiten.

Daraus folgt, dass die konfliktträchtigen gruppendynamischen Prozesse weitestgehend unbearbeitet die formelle Arbeitsstruktur – meistens negativ – beeinflussen und im schlimmsten Fall ein gemeinsames Arbeiten unmöglich machen (erhöhter Krankenstand, Mobbing, Obstruktion bei Aufgabenerfüllung u. a.).

■ Aufgaben der Moderation

Die zentrale Aufgabe einer Moderation ist es daher, Zugang zur informellen Gruppenstruktur zu erlangen. Nach dem Grundsatz des *Vorrangs von Störungen* müssen insbesondere Fraktionierungen, Ausgrenzungen oder Autoritätsanmaßungen behandelt werden. Ebenso müssen positive Aspekte, wie die in jeder Arbeitsgruppe vorhandenen Motivationspotenziale, geweckt werden. Darüber hinaus ist in jedem Fall ein besonderes Augenmerk auf die formelle Arbeitsstruktur zu richten, so dass *mangelhafte Strukturen* (Kommunikationsbrüche, ineffiziente Arbeitsteilung u. a.) verändert werden können.

Die Moderation kann sowohl von der oder dem internen Vorgesetzten oder von entsprechend fortgebildeten Arbeitsgruppenmitgliedern übernommen werden. Indem Vorgesetzte die Rolle des Moderators übernehmen, verwandeln sie ihre klassische Rolle vom Anweiser hin zum Dienstleister, indem sie Führungselemente direkten Aktivierens und Durchsetzens von der Führungskraft in das Team verlagern. Dieser Schritt wird insbesondere dann forciert, wenn die Moderation immer häufiger von Gruppenmitgliedern übernommen wird und sich die Vorgesetzten sukzessive aus der Gestaltung der Arbeitsabläufe zurückziehen.

Ziel der Veränderung ist die Entwicklung zu dem im Folgenden dargestellten teilautonomen Arbeitsteam.

Teilautonomes Arbeitsteam: Zusammenführung formeller Arbeitsstruktur und informeller Gruppenstruktur durch Moderation

a) Zusammenführung von formeller Arbeitsstruktur und informeller Gruppenstruktur

Teilautonome Arbeitsteams sind bestenfalls moderierte Arbeitsteams. In ihnen hat die Wandlung des/der Vorgesetzten vom Anweiser zum Dienstleister für den eigenen Führungsbereich ihre Vollendung gefunden.

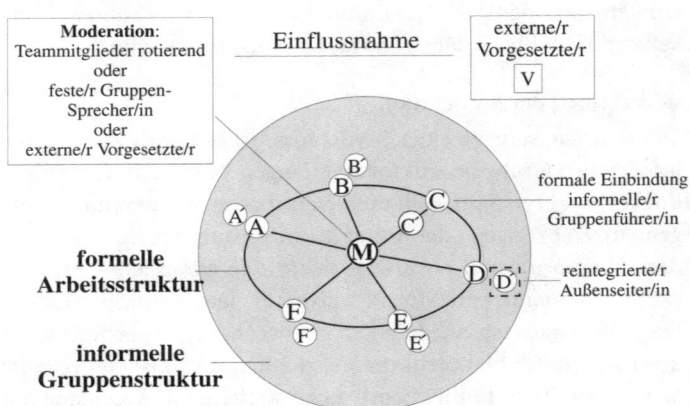

Abbildung 2: Zusammenführung formeller Arbeitsstruktur und informeller Gruppenstruktur mittels Moderation zu teilautonomen Arbeitsteams

Die Vorgesetztenfunktion wird jetzt nicht mehr hauptsächlich mittels inhaltlich-fachlicher oder arbeitsstrukturierender Vorgaben wahrgenommen. Externe Vorgesetzte haben dementsprechend eine Vorgesetztenfunktion, die weniger aus der täglichen Betreuung von Fachaufgaben besteht, sondern aus den klassischen Führungsaufgaben wie Budgetverwaltung, arbeitsgruppenübergreifender Koordination oder Präsentation des Arbeitsbereichs nach außen.

Diese Wahrnehmung der Führungsfunktionen wird ermöglicht, indem die Arbeitsprozesse – von der Aufgabenstellung bis zur schrittweisen Erledigung der Aufgaben einschließlich laufender Selbstkontrolle – vom Team weitestgehend selbst gesteuert werden.

Die moderierte Steuerung der Arbeitsabläufe durch die Gruppenmitglieder hat den Vorteil, dass der jeweilige Moderator ebenso in der informellen Gruppenstruktur angesiedelt ist wie die anderen Teammitglieder.

Moderierende Teammitglieder kennen Zusammenhänge zwischen formeller Arbeitsstruktur und informeller Gruppenstruktur und können über die in den folgenden Kapiteln dargestellten Moderationstechniken aus dem Zentrum des Teams heraus agieren – etwa isolierte Teammitglieder reintegrieren, informelle Gruppenführer/-innen formal in die Arbeitsstruktur einbinden oder über Konfliktbearbeitung verborgene Motivationen wecken.

Der oder die externe Vorgesetzte steht in der Regel über die wahrgenommene Moderation oder über den Gruppensprecher mit dem Team in Verbindung (diese Sprecherfunktion sollte per Aushang o. ä. nach außen erkennbar sein). Die Führungskraft kann aber auch selbst an Teamsitzungen oder dem laufenden Arbeitsprozess teilnehmen und so über direkten Kontakt weiterhin Einfluss auf die Arbeitsprozesse nehmen.

b) Aufgaben der Moderation

Bei moderierten Teams ist darauf zu achten, dass die arbeitsteiligen *Verantwortlichkeiten personenbezogen festgelegt* werden (wer macht was), eine *abgestimmte Ablaufplanung* eingeführt (bis wann macht wer was mit wem) und ein *systematisches Rechen-*

schaftswesen gepflegt wird (Protokolle, Führen von Dienst- oder Arbeitsbüchern usw.). Letzteres bildet die Grundlage für eine laufende Selbst- oder etwaige Fremdkontrolle per Innenrevision.

Darüber hinaus ist die *Kommunikation zwischen innen und außen*, zwischen funktional vor- und nachgeschalteten Arbeitsgruppen und zu vorgesetzten Instanzen zu *fördern*.

Teamentwicklung: Die systematische Umwandlung herkömmlicher Arbeitsgruppen in Teams

In vielen Betrieben befinden sich herkömmliche Arbeitsgruppen in einem Wandlungsprozess: Mit Zielrichtung auf einen verstärkten Gruppenzusammenhalt und eine gesteigerte Effizienz werden sowohl neu gegründete als auch bereits bestehende Arbeitsgruppen systematisch in Teams umgewandelt (Staehle 1998, S. 953 ff.).

Diese Teamentwicklung wird sowohl durch externe Fortbildungen (insbesondere zu den Themen »Grundstrukturen von Teams«, »Moderation« und »Konfliktmanagement«) als auch durch so genanntes Training on the Job (systematische Erweiterung der Kompetenzen während der Arbeit) gefördert. Insbesondere beim Training on the Job spielt das Verhalten der Führungskraft eine bedeutende Rolle für das Gelingen der Teamentwicklung.

Steuert etwa die Führungskraft erstmals mittels Moderation die Arbeitsprozesse, entwickeln sich die Selbststeuerungskompetenzen der Arbeitsgruppenmitglieder (z. B. Ziele eigenständig zu definieren), da sich die moderierende Führungskraft in der Moderation inhaltlicher Vorgaben enthält und neue, die Selbstständigkeit fördernde Arbeitsstrukturen einführt.

Zugleich findet ein Modelllernen statt, indem die Arbeitsgruppenmitglieder an der Art der Moderation der Führungskraft deren Systematik erkennen können. Des Weiteren kann die Teamentwicklung gefördert werden, wenn mehrere Mitarbeiter/-innen ohne Führungsverantwortung in Moderation ausgebildet werden (durch externe und interne Fortbildungen oder durch Selbststudium) und diese Fähigkeiten im eigenen Arbeitsbereich umsetzen.

Durch diesen Prozess kontinuierlicher und personell umfassender Kompetenzerweiterung wird auf lange Sicht nahezu jedes Arbeitsgruppenmitglied moderieren können, so dass in einem schließlich entwickelten Team Reihummoderationen (jede Sitzung moderiert ein/e andere/r Mitarbeiter/-in) gang und gäbe sind.

Dies hat für die Führungskraft den Effekt, dass sie von der Notwendigkeit fachlicher Vorgaben, Beratung und Kontrollen weitestgehend entbunden wird.

Sie kann die dadurch freigewordenen Ressourcen nutzen, um andere Führungsaufgaben extensiver wahrzunehmen: die Initiierung neuer, grundsätzlicher Organisationsstrukturen oder Unternehmensziele, die immer wichtiger werdende Budgetverwaltung, die Koordination teamübergreifender Arbeitsprozesse oder die Präsentation des eigenen Führungsbereichs nach außen.

Praktische Tipps zur schrittweisen Einführung von Moderationstechniken

»Backen Sie kleine Brötchen!« Und: »Nichts ist so erfolgreich wie der Erfolg.« Diese beiden Leitsätze gilt es bei der Einführung von Moderationstechniken – und mithin bei einer Teamentwicklung – zu beachten. Überfordern Sie die Arbeitsgruppe nicht mit zu vielen Neuerungen. Fangen Sie mit kleinen Veränderungen im Arbeitsprozess an.

Die folgenden Tipps können Sie mit oder ohne Führungsverantwortung verwirklichen (falls Sie keine Führungsverantwortung haben, so stimmen Sie Ihre jeweiligen Vorhaben mit Ihrer Führungskraft ab); Sie finden diese Tipps als ausgearbeitete Techniken in den folgenden Abschnitten ausführlich dargestellt.

1. Schritt: Einführung regelmäßiger Sitzungen

Finden Ihre Sitzungen unregelmäßig statt oder ist die Teilnahme nicht für alle verbindlich ist, führen Sie als Führungskraft diese als verbindlich und regelmäßig ein. Falls Sie keine Führungsverantwortung haben, fordern Sie Ihre Führungskraft oder auch die

Kollegen/-innen in persönlichen oder Sitzungsgesprächen zu dieser Regelmäßigkeit auf.

Falls Ihnen die Initiierung regelmäßiger Sitzungen nicht gleich gelingt, so verwirklichen Sie den einen der ersten Schritte in einer der unregelmäßigen Sitzungen und wiederholen Sie später Ihre Initiative.

2. Schritt: Bereitstellung der wichtigsten Moderationsmaterialien

Als wichtigste Materialen sollten Sie zur Verfügung haben:

- 1 Flipchart mit Flipchart-Papier
- 2 Pinnwände mit 50 Bögen Packpapier zum Bespannen
- 1 Moderationskoffer (Inhalt: pro Gruppenmitglied 2 mittelstarke Filzstifte in schwarz für Kartenabfragen; jeweils 5 mittelstarke Filzstifte in den Farben rot, grün und blau für eigene Visualisierungen; 2 starke rote Stifte für Überschriften; 100 Präsentationskärtchen in verschiedenen Farben; 1 Rolle Kreppband, 1 Schere, 1 Satz bunter Klebepunkte, ausreichend Pinnnadeln.)

3. Schritt: Einführung von Visualisierungen

Erstellen Sie als Führungskraft oder in Absprache mit ihr eine *visualisierte Tagesordnung* (s. u.) und lassen Sie diese von den Arbeitsgruppenmitgliedern annehmen. Bei Änderungswünschen während der Annahme der Tagesordnung können Sie die »Anträge zur Geschäftsordnung« in ihrer Sinnhaftigkeit und ihrer Grundsystematik erklären und zur Anwendung dieses Instruments auffordern.

Erstellen Sie *visualisierte Zusammenfassungen*. Notieren Sie die wichtigsten Beiträge in einer Sitzung und übertragen Sie die Stichpunkte dann auf das Flipchart. Oder Sie notieren die Stichpunkte auf Präsentationskärtchen, die Sie vorbereitet haben und pinnen diese als Zusammenfassung an die Pinnwand.

Wichtig ist hierbei, dass Sie Ihr Vorhaben den Gruppenmitgliedern erläutern und fragen, ob jemand Einwände hat. Thematisieren Sie gegebenenfalls diesen Einwand und überzeugen Sie vom Nutzen visualisierter Zusammenfassungen.

Visualisieren Sie Zusammenhänge von Arbeitsvorgängen. Dreht sich die Diskussion in einer Sitzung um unklare Arbeitszusammenhänge (z. B. welcher Arbeitsschritt sinnvoller Weise zuerst zu erledigen ist), nutzen Sie die Gunst der Stunde und skizzieren Sie die zur Diskussion stehenden Arbeitsvorgänge am Flipchart. Holen Sie auch hier das Einverständnis der Gruppe ein, insbesondere wenn Sie keine Führungsverantwortung haben. Ohne Einholen dieses Einverständnisses könnte dies als »oberlehrerhaftes Hervortun« aufgefasst werden.

Erstellen Sie eine *ausgearbeitete Präsentation zur Sinnhaftigkeit moderierter Sitzungen* oder eines anderen aktuellen Themas. Insbesondere als Führungskraft sollten Sie von Anfang an auf diese Möglichkeit zurückgreifen. Die positiven Effekte einer 10-minütigen Präsentation (zur Systematik siehe Kapitel »Moderation von Qualitätszirkeln«) ergeben sich insbesondere aus der Klarheit der dargestellten Inhalte und dem Lernen am positiven Modell. Darüber hinaus werden die Gruppenmitglieder mit den Inhalten der Moderation und mit den Visualisierungsmöglichkeiten vertraut gemacht.

Falls Sie keine Führungsverantwortung haben, können Sie ihre Führungskraft dazu auffordern und sie gegebenenfalls bei der Präsentation begleiten (»Co-Teaching«).

4. Schritt: Moderation von Diskussionen zu einzelnen Tagesordnungspunkten

Falls eine starke Abwehr gegenüber Neuerungen in Ihrer Arbeitsgruppe besteht, schlagen Sie zunächst eine einfache Diskussionsleitung vor. Bezeichnen Sie diese noch nicht als Moderation, sondern sagen Sie lediglich, dass Sie die Wortbeiträge über eine Rednerliste steuern und die (Zwischen-)Ergebnisse visuell sichern. Nehmen Sie dabei die neutrale Rolle eines Moderators ein.

Falls Ihre Arbeitsgruppe gegenüber Neuerungen aufgeschlossen ist, holen Sie das Einverständnis ein, einen Tagesordnungspunkt zu moderieren.

5. Schritt: Moderation einer gesamten Sitzung

Moderieren Sie eine Sitzung ganz, wenn Sie keine besonderen Widerstände mehr gegen das Instrument »Moderation« ausmachen können. Steuern Sie die Gruppe auf der Grundlage einer visualisierten Tagesordnung durch die Sitzung, indem Sie eine neutrale Rolle einnehmen und ergebnisorientiert die Punkte abarbeiten lassen. Greifen Sie je nach Situation auf die hier beschriebenen Techniken zurück.

6. Schritt: Moderation von Zielvereinbarungen

Initiieren Sie eine Zielvereinbarungssitzung und moderieren Sie diese. Greifen Sie hierfür auf die Grundsätze der Kartenabfrage (Erstellen von Metaplänen) sowie die Grundsätze der Zieldefinition, Zielzergliederung und des Erstellens von Maßnahmenplänen zurück.

Empfehlenswert ist als erstes Zielvereinbarungsverfahren die Behandlung der Fragestellung: *Welche Ziele wollen wir uns für das laufende Arbeitsjahr setzen und wie wollen wir diese umsetzen?* Führen Sie eine entsprechende Kartenabfrage durch, indem Sie zunächst die Frage stellen: *Welche Ziele sollten wir uns für das laufende Jahr setzen?*

Lassen Sie dann diese Frage via Kärtchenabfrage beantworten und bilden Sie mit den beschriebenen Kärtchen Cluster nach Zielbereichen. Anschließend lassen Sie per Diskussion und Punktabfrage den wichtigsten Zielbereich bestimmen; definieren Sie aus diesem Zielbereich die für Sie wichtigsten Ziele.

Stellen Sie mittels Diskussion und Punktabfrage eine Zielhierarchie her und erstellen Sie für das wichtigste Ziel einen Maßnahmenplan.

7. Schritt: Moderation von Problemlösungsverfahren

Sind die Gruppenmitglieder vertraut mit den Moderationsverfahren, können Sie die Moderation zum Lösen von Arbeitsproblemen einsetzen.

Zur Vorbereitung des im Kapitel »Moderation von Qualitätszirkeln« beschriebenen Problemlösungsverfahrens können Sie eine »Stärken-Schwächen-Analyse« durchführen. Stellen Sie die visualisierte Frage: *Welche Stärken und welche Schwächen stelle ich in unseren Arbeitsverfahren fest?* und führen Sie die entsprechende Kartenabfrage durch. Lassen Sie (wie oben beschrieben) eine Hierarchie der Probleme erstellen und führen Sie das wichtigste

Problem einer konkreten planerischen Lösung per Maßnahmen-plan zu.

Falls während der Problemlösung Konflikte zwischen den Teilnehmenden auftreten, behandeln Sie diese nach dem V–I-R-Verfahren, so wie im Kapitel »Konfliktmanagement« beschrieben.

8. Schritt: Motivieren Sie die Gruppe zu Reihum-Moderationen

Kommen Sie als Führungskraft Fortbildungs- oder Literaturwünschen Ihrer Mitarbeiter/-innen zum Thema »Moderation« nach. Fordern Sie – auch ohne Führungsverantwortung – die Gruppenmitglieder auf, mit Ihnen gemeinsam zu moderieren (»Co-Moderation«). Aber auch eigenständige Versuche der Moderation sollten Ihre Unterstützung finden. Diese können Sie dann in Nachbesprechungen oder am Ende der Sitzung über ein Feedback würdigen und dabei Verbesserungsvorschläge machen.

Mit solch einer schrittweisen Einführung von Moderationsprozessen tragen Sie in ausgesprochen wirkungsvoller Weise zur Teamentwicklung bei.

Gruppendynamik

Der Begriff *Gruppendynamik* stammt von Kurt Lewin, der ihn erstmals 1939 für einen Forschungsansatz benutzt hat, der die Entstehung, Entwicklung und Funktion kleiner Gruppen untersuchte. Mittlerweile haben sich eine Reihe von Untersuchungen mit der Dynamik von Gruppen auseinander gesetzt.

So kann nach neueren Erkenntnissen davon ausgegangen werden, dass »in jeder Gruppe zu jedem Zeitpunkt ein vorherrschendes Gefühl [existiert], das von allen Mitgliedern mit individuellen Nuancen geteilt wird« (Pagés 1974, S. 81; zit. Geißler 1986, S. 435). Beispielsweise ist anzunehmen, dass ein vorhandener Konflikt im Team von fast allen wahrgenommen wird, ohne dass er bereits offiziell angesprochen wurde.

Will man daher einzelne Beziehungsgeflechte in der Gruppe wirklichkeitsnah wahrnehmen und zum Beispiel Konflikte zwischen einzelnen Gruppenmitgliedern befriedigend handhaben, so sollte man zunächst erkennen, welches vorherrschendes Gefühl innerhalb der Gruppe insgesamt vorhanden ist.

Hilfreich beim Erfassen der aktuellen Gruppendynamik ist das Wissen um den Prozess der Gruppenentwicklung und die Fähigkeit zu erkennen, in welcher Phase der Entwicklung sich eine Arbeitsgruppe befindet.

Empirisch ist die Dynamik von Gruppen meistens in psychotherapeutischen Gruppen oder Trainingsgruppen untersucht worden (Staehle 1999, S. 280 f.). B. W. Tuckman (1965) hat nach Auswertung mehrerer Studien vier Phasen der Gruppenentwicklung identifiziert (Tab. 2).

Tabelle 2: Phasen der Gruppenentwicklung nach Tuckman (1965)

Phase	Gruppenstruktur	Aufgabenverhalten
Forming	Unsicherheit; Abhängigkeit von einem Führer; ausprobieren, welches Verhalten in der Situation akzeptabel ist.	Mitglieder definieren die Aufgaben, die Regeln, die geeigneten Methoden.
Storming	Konflikte zwischen Unter-Gruppen; Aufstand gegen den Führer, Polarisierung der Meinungen, Ablehnung einer Kontrolle durch die Gruppen.	Emotionale Ablehnung der Aufgabenanforderungen.
Norming	Entwicklung von Gruppenkohäsion, Gruppennormen und gegenseitiger Unterstützung, Widerstand und Konflikte werden abgebaut bzw. bereinigt.	Offener Austausch von Meinungen und Gefühlen, Kooperation entsteht.
Performing	Interpersonelle Probleme gelöst, Gruppenstruktur ist funktional zur Aufgabenerfüllung, Rollenverhalten ist flexibel und funktional.	Problemlösungen tauchen auf, konstruktive Aufgabenbearbeitung, Energie wird ganz der Aufgabe gewidmet (Hauptarbeitsphase).

Von B. M. Bass (1965) stammt ein ebenfalls vierphasige Einteilung der Gruppenentwicklung:

1. *Mutual Acceptance:* Nach einer ersten Phase des Misstrauens suchen die Mitglieder nach gemeinsamen Aufgaben und fangen an, sich gegenseitig zu akzeptieren.

2. *Decision Making:* In einer Atmosphäre der Offenheit werden die Probleme und Rollen definiert, Entscheidungen über die Vorgehensweise getroffen.

3. *Motivation:* Die Gruppe kommt in die Reifephase, Kohäsion und Kooperation steigen, man hilft sich gegenseitig.

4. *Control:* Die Gruppe arbeitet effizient, die Einhaltung von Gruppennormen wird überwacht, abweichendes Verhalten wird negativ sanktioniert

Während Bass' Klassifizierung eher ein idealtypisches Entwicklungsmodell beschreibt, in dem Konfliktphasen ganz fehlen, beschreibt Tuckmans Phasenmodell die Entwicklung von Gruppen als konfliktträchtig und angelegt als Spannungsverhältnis zwischen Individualität und Sozialität der Gruppenmitglieder sowie zwischen betrieblichem und persönlichem Interesse.

Um sicherzustellen, dass Teams oder Arbeitsgruppen ihre vollständige Arbeitsfähigkeit erreichen, ist es für Moderationsansätze jedoch von grundlegender Bedeutung, der jeweiligen Gruppe *nicht* mit einer idealisierten Betrachtungsweise zu begegnen. Vielmehr sollte die Moderatorin oder der Moderator gerade auf Friktionen des Gruppenzusammenhalts, Problemlagen (auf der Aufgabenebene) und Konfliktlinien (auf der Beziehungsebene) achten und entsprechende Lösungen herbeiführen.

Dieser problemorientierte Moderationsansatz lässt sich gut anhand der Fünf-Phasen-Systematik von Antons (2000) beschreiben, da dabei auch die Anfangs- und Schlussphasen von temporären Arbeitsgruppen mit berücksichtigt sind:

1. Anfangsphase (nur in temporären oder neu gegründeten Gruppen)
2. Konfliktphase
3. Normierungsphase
4. Arbeitsphase
5. Schlussphase (nur in temporären oder aufzulösenden Gruppen)

Je nachdem, in welcher Phase sich eine Gruppe aktuell befindet, sind verschiedene Moderationsansätze erforderlich. Zu bedenken ist dabei, dass nicht notwendigerweise alle Phasen in der genannten Reihenfolge durchlaufen werden, es kann Überschneidungen oder Wiederholungen geben.

Beziehungs- und aufgabenorientierte Moderation

Um gruppendynamisch optimal moderieren zu können, ist zunächst wichtig, zwischen *beziehungsorientierter* und *aufgabenorientierter* Moderation zu unterscheiden.

Beziehungsorientierte Moderation richtet das Interesse des Moderators oder der Moderatorin allein auf die Qualität der Beziehungen sowohl der einzelnen Gruppenmitglieder zueinander (z. B. Kollege X hat grundsätzliche Schwierigkeiten mit Kollegin Y) als auch auf das Beziehungsgefüge der gesamten Gruppe (z. B. Welche Beziehungswerte oder -normen sind für die Gruppe tragend?).

Aufgabenorientierte Moderation richtet das Interesse des Moderators oder der Moderatorin allein auf die technische Herangehensweise, wie eine Aufgabe am effizientesten erledigt werden kann. Die zentrale Aufgabe ist hierbei, Angebote zur Arbeitsstrukturierung anzubieten, das heißt Zielvereinbarungen, Zielzergliederung, Ablaufstrukturen oder arbeitsteiliges Herangehen über Hilfssysteme wie Metaplan, Ablaufdiagramme oder Organigramme zu ermöglichen und die so angelegten Arbeitsprozesse zu begleiten.

Beziehungsorientierte und aufgabenorientierte Moderation gehören unbedingt zusammen: Zum Verhältnis beider Ausrichtungen hat die Personalwirtschaftslehre mannigfaltige Untersuchungen geliefert. Als zentrales Ergebnis ist hervorzuheben, dass eine eher beziehungsorientierte Leitung oder Moderation auf lange Sicht bessere Leistungsergebnisse erzielt als eine eher aufgabenorientierte. Kurzfristige Leistungseffekte werden hingegen von einer eher aufgabenorientierten Leitung oder Moderation bewirkt (Hentze 1995, S. 181 ff.).

Der Zusammenhang zwischen Aufgaben- und Beziehungsorientierung sollte je nach Phase der Gruppenentwicklung neu gewichtet werden.

Gruppenkohäsion und Produktivität

Des Weiteren sollte grundlegend berücksichtigt werden, dass die jeweilige *Gruppenkohäsion*, das heißt der innere Zusammenhalt einer Gruppe, sich nur dann positiv auf die Leistung (Produktivität) der Gruppe auswirkt, wenn sich die Gruppe mit den Organisationszielen identifiziert.

Bei dem Versuch der Einflussnahme auf das gruppendynamische Geschehen durch den Moderator oder die Moderatorin in

Zielrichtung einer in sich gefestigten Gruppe, sollten die Ergebnisse von Schachter und Mitarbeitern (1951) berücksichtigt werden, die im Rahmen einer experimentellen Untersuchung der Leistung von künstlich geschaffenen, hoch- und niedrig-kohäsiven Gruppen von College-Studentinnen zu folgenden Ergebnissen gelangt sind:

- Gruppen mit hoher Kohäsion und einer positiven Einstellung gegenüber den Leistungsvorgaben des Managements erarbeiteten sehr hohe Produktivitätszuwächse.
- Gruppen mit hoher Kohäsion und einer negativen Einstellung gegenüber den Leistungsvorgaben des Managements erzielten sehr starke Produktivitätseinbußen.
- Gruppen mit geringer Kohäsion und einer positiven Einstellung gegenüber den Leistungsvorgaben des Managements erbrachten schwache Produktivitätszuwächse.
- Gruppen mit geringer Kohäsion und einer negativen Einstellung gegenüber den Leistungsvorgaben des Managements erzielten geringfügige Produktivitätsrückgänge.

Der Moderator oder die Moderatorin sollte daher bei der Begleitung und Beeinflussung gruppendynamischer Prozesse in jeder Phase des sich verstärkenden Gruppenzusammenhalts auf eine Intensivierung der Aufgabenorientierung im Sinne der jeweiligen Organisation achten.

Es kann für die Moderation die Aufgabe entstehen, von der grundsätzlichen Förderung des inneren Gruppenzusammenhalts Abstand zu nehmen, nämlich dann, wenn es sich um eine hochkohäsive Gruppe handelt, die sich nicht mit den Organisationszielen identifiziert und daher eine Bedrohung für die normative und soziale Integrität und Leistungsfähigkeit ihrer gesamten Organisation geworden ist.

Um die jeweilige Gruppenkohäsion sowohl systematisch verstärken oder reduzieren als auch die Konformität von Gruppenzielen mit Managementvorgaben erhöhen zu können, finden sich bei Green et al. (1985) handhabbare Steuerungsansätze für die Moderation.

Maßnahmen zur Erhöhung der Konformität von Gruppenzielen mit Managementvorgaben

a) *Durchführung von Zieldefinitionsverfahren*, bei denen Ziele und Mittel klar und konkret definiert und operationalisiert werden (vgl. Abschnitt »Pragmatische Zielformulierung«, S. 76 ff.).

b) *Initiieren von Zielvereinbarungen* indem die Gruppenmitglieder die Formulierung der Ziele und Mittel selbst im Sinne der Organisation vornehmen, statt einseitigen Zielvorgaben der Führung zu folgen.

c) *Definition herausfordernder und zugleich erreichbarer Ziele* (vgl. Abschnitt »Leistungsbereitschaft aktivieren und aufrecht erhalten«, S. 101).

d) *Rasches und häufiges Feedback über die Qualität der Arbeitsergebnisse*, indem etwa auf der Grundlage gemeinsam erarbeiteter und verbindlicher Maßnahmenpläne in den regelmäßigen Teamsitzungen ein Fachcontrolling (regelmäßiger Soll-Ist-Abgleich der Aufgabenerledigung durch die Arbeitsgruppe selbst) durchgeführt wird. Bei diesem Fachcontrolling werden von den anderen Gruppenmitgliedern die vorgelegten Arbeitsergebnisse gewürdigt und hinsichtlich ihrer Ergebnisqualität einer konstruktiven Kritik unterzogen (siehe im Kapitel »Moderation von Qualitätszirkeln« die Hinweise zur Erstellung von Maßnahmenplänen, S. 150).

e) *Positive Verstärkung* (Belohnung) bei Erfolgen der Gruppe durch differenzierte Anerkennung der Leistung durch den/die Moderator/-in und die Gruppenmitglieder (vgl. Gage u. Berliner 1996). Die ausgesprochene Anerkennung sollte:
- planmäßig erteilt werden,
- Einzelheiten des Erreichten spezifizieren,
- Bemühungskriterien positiv einschließen,
- über den Wert der Leistung für die Organisation oder weiterreichende positive (z. B. gesamtgesellschaftliche) Zwecke informieren,
- frühere Leistungen als Kontext zur Beschreibung momentaner Leistungen verwenden (keine konkurrenzfördernden Hinweise auf andere Gruppen oder deren Mitglieder, da dies tendenziell kohäsionsreduzierend wirkt),

- eigene Anerkennungsmechanismen fördern.

f) *Entwicklung eines Anreizsystems*, das die Akzeptanz und Erfüllung der Managementziele honoriert, wie etwa Prämiensysteme oder die Ermöglichung frei zu gestaltender Arbeitsprozesse (z. B. flexiblere Arbeitszeiten für leistungsstarke Teams).

Maßnahmen zur Reduzierung der Gruppenkohäsion

Zwar sollte die Moderation von Arbeitsgruppen durchgängig auf die genannten Zieldefinitionsverfahren und die entsprechenden Anerkennungssysteme auf der Grundlage eines systematischen Fachcontrollings zurückgreifen. Jedoch können Sie als Moderatorin oder Moderator auch Gruppen vorfinden, die – bei sehr hoher Gruppenkohäsion – Normen entwickelt haben, die den Managementerwartungen entgegengesetzt sind.

In diesen Fällen sollte der Moderator oder die Moderatorin versuchen, die Gruppenkohäsion zu reduzieren (vgl. Green et al. 1985) durch:

a) *Erhöhung des Konkurrenzdenkens* durch

- Erteilen von Einzelaufträgen,
- Unterteilung der Gruppe in selbstständige Arbeitsgruppen, die der Gesamtgruppe regelmäßig über Fachcontrolling Rechenschaft ablegen,
- Verweis auf ein unterschiedliches Leistungsniveau zwischen den Gruppenmitgliedern, wenn Arbeitsergebnisse vorgelegt werden.

b) *Räumliche Trennung der Gruppenmitglieder* (dauerhaft oder temporär) durch die Bildung von (Teil-)Arbeitsgruppen oder die Einrichtung neuer eigener Arbeitsplätze für Einzelne, wobei dieses Vorgehen in der Regel die Kompetenzen von Moderatoren überschreiten dürfte und von den Organisationsverantwortlichen durchgeführt werden müsste.

c) *Erhöhung der Gruppengröße durch neue Mitglieder*, was insbesondere für die Moderation von Qualitätszirkeln gilt. Sollte das Problemlösungsverfahren in einem Zirkel, der ausschließlich aus den Mitgliedern des vom Problem betroffenen Arbeitsbereichs besteht, durchgeführt werden, so könnten Sie eine Erweiterung durch Mitarbeiter/-innen aus anderen Arbeitsbereichen vornehmen.

d) *Reduzierung von Gruppenbesprechungen* ist eine letzte mögliche Maßnahme, die nur mit Bedacht gewählt werden sollte. Zwar steigt nach der Interaction-Attraction-Hypothese Homans' (1960) die Sympathie der Gruppenmitglieder und damit die Gruppenkohäsion in dem Maße, in dem sie interagieren, jedoch sollte nicht übersehen werden, dass es für die Unproduktivität einer Gruppe mit hohem inneren Zusammenhalt Ursachen gibt. Diese Ursachen sollten gemeinsam mit der Gruppe erarbeitet und mittels eines gemeinsamen Problemlösungsverfahrens überwunden werden. Entsprechend kann es sich sehr nachteilig auswirken, wenn Gruppenbesprechungen reduziert und somit mögliche gemeinsame Problemlösungsprozesse versäumt werden.

An dieser Stelle ist es besser, eine regelmäßige Kommunikation aufrechtzuerhalten, die Besprechungen jedoch thematisch auf Zielvereinbarungsverfahren und Problemlösungsprozesse zu fokussieren.

Moderationsansätze für spezielle Phasen der Gruppenentwicklung

■ Anfangsphase

Wenn sich noch nicht alle Gruppenmitglieder untereinander kennen, orientieren sie sich in ihrem Verhalten zunächst an konventionellen, erprobten Umgangsformen. Symptomatisch für diese Phase ist:

- vorsichtiges Benehmen,
- Beobachtung des Geschehens,
- Zurückhaltung,
- Unsicherheit,
- Kontaktscheue.

Zunächst dominiert das Bedürfnis, sich zu orientieren und andere einschätzen zu lernen. Moderatoren und Moderatorinnen stehen unter besonderer Beobachtung. Die Gruppe fokussiert sich auf die Moderation, da diese aufgrund ihrer exponierten Autorität zunächst die Aufgabe hat, Gruppenprozesse in Gang zu setzen.

Moderationsansatz

Nur wenn die Autorität der Moderatorin oder des Moderators als inhaltlich begründet wahrgenommen und akzeptiert wird, kann sie dauerhaft wirksam sein. Daher gilt vordringlich: Förderung der Anerkennung aller in gleichem Maß, Motivation zurückhaltender Mitglieder, schrittweise Zurücknahme der eigenen Dominanz zur Förderung moderationsunabhängiger Selbstständigkeit, zu vermeiden sind vor allem Besserwisserei und unbegründete Vorgaben.

Die Beziehungsorientierung dominiert, die Aufgabenorientierung wird vorbereitet.

Moderationsinstrumente

Kommunikationsfördernder Besprechungsraum
Der Besprechungsraum sollte störungsfrei sein (kein Durchgangszimmer, keine Annahme von Telefonaten, angenehm temperiert sowie ergonomisch bestuhlt und beleuchtet).

Die eingesetzten Medien wie Pinnwand und Flipchart sollen gut einsehbar sein und die Kommunikationsmöglichkeiten der Gruppenmitglieder über die Anordnung von Tischen und Stühlen optimiert werden (s. Abb. 3).

Die Anordnung der Tische und Stühle sollte in Kreisform erfolgen (U-Form bei Verwendung einer Medienbühne) und kommunikationshindernde Formen wie lange Tischreihen sollten vermieden werden.

Bei der Kreisform können sich alle Gruppenmitglieder gegenseitig sehen und direkt ansprechen; die Visualisierungsflächen sind gut einsehbar. Die Moderatorin oder der Moderator kann sich sowohl exponieren (etwa bei visualisierten Darstellungen) als

Anzustrebende Kreisform   **Vermeidung langer Tischreihen**

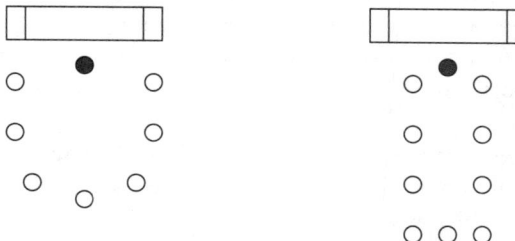

Abbildung 3: Kommunikationsfördernde und -behindernde Sitzordnungen

auch räumlich in die Kommunikation eingliedern (etwa bei Gruppendiskussionen).

Sitzen mehrere Teilnehmer in gerader Anordnung nebeneinander, ist zwischen ihnen keine unmittelbare Kommunikation möglich, sofern sie nicht direkte Sitznachbarn sind; auch können die Visualisierungsflächen unter Umständen nicht mehr eingesehen werden. Bei solch einer Ausrichtung der Sitzordnung ergibt sich zwangsläufig eine Zentrierung auf den Moderator oder die Moderatorin.

Der Vorteil der kreisförmigen Sitzordnung hinsichtlich der Gruppenzufriedenheit ist auch durch eine Untersuchung von Hellriegel und Solcum (1976, S. 169) belegt.

Warming up
Durch ein Warming up können die Gruppenmitglieder auf der Beziehungsebene systematisch Informationen über die anderen bekommen (z. B. über eine Vorstellungsrunde). Die TN können ein positives Bild von sich vermitteln, bevor sie unter Umständen der Kritik der anderen ausgesetzt sind (Konfliktphase). Darüber hinaus können erste Erwartungen an die Arbeitsgruppe formuliert werden.

Visualisierte Erwartungsanalyse
Dieses Instrument bedient sich zum Beispiel einer Offenen Frage, die an die Pinnwand geschrieben (z. B.: *Welche positiven/negativen Erwartungen habe ich hinsichtlich unserer Zusammenarbeit?*)

und per Kartenabfrage von den Teilnehmenden beantwortet wird. Zur leichteren Systematisierung bietet es sich bei der Abfrage positiver und negativer Erwartungen an, für Befürchtungen signalfarbene Kärtchen auszuteilen, für positive Erwartungen grüne Kärtchen (vgl. Abschnitt »Visualisierungstechniken«, S. 121 ff.).

Nach Sammlung und Ordnung der Kärtchen können die Ergebnisse diskutiert und der Gruppenprozess auf die Erwartungen ausgerichtet werden.

Die Analyse stellt sicher, dass die Arbeitsprozesse nicht über die Köpfe der Mitglieder hinweg gestaltet, sondern die persönlichen oder fachlichen Interessen der Einzelnen optimal berücksichtigt werden. Damit ist ein wesentliches Element der wichtigen Identifikation mit der eigenen Arbeit sichergestellt.

Um die Erwartungen sogleich definitiv aufzunehmen, können »Spielregeln« der Zusammenarbeit vereinbart werden.

»Spielregeln« zum Umgang miteinander

Die Spielregeln der Zusammenarbeit haben den Zweck, die Kommunikation untereinander zu verbessern, indem sich alle Gruppenmitglieder selbst verpflichten, auf die Einhaltung bestimmter Qualitätsmerkmale der Kommunikation zu achten.

Diese Spielregeln können jedoch immer nur eine *freiwillige* Selbstverpflichtung sein, da sonst die Freiheit der Rede unzulässigerweise eingeschränkt werden könnte.

Diese so genannten *Feedbackregeln* dienen zum einen als Rückmeldung des Empfängers an den Sender, aber auch als Instrument zur Verbesserung der Kommunikation zwischen Vorgesetzten und Mitarbeitern. Das, was Luthans (1985) für das Verhältnis zwischen Vorgesetzten und Mitarbeitern hinsichtlich hilfreichem oder ungeeignetem Feedback festgestellt hat, kann ohne Weiteres auf das Verhältnis zwischen Moderation und Gruppenmitglieder übertragen werden.

Quintessenz des Regelwerks ist die Selbstverpflichtung, die jeweils andere Wirklichkeit der Gruppenmitglieder unbedingt zu respektieren.

– *Einander ausreden lassen* heißt, die Meinungsfreiheit des ande-

Tabelle 3: Feedbackregeln

hilfreiches Feedback	ungeeignetes Feedback
– ist präzise	– ist bewertend
– ist beschreibend	– ist verallgemeinernd
– ist verständlich	– ist unverständlich
– ist verbindlich	– ist ungenau
– hilft Mitarbeitern	– kommt zur falschen Zeit
– kommt zur rechten Zeit	– demütigt Mitarbeiter
– benötigt empfängliche Adressaten	– führt zu Verteidigungshaltung

ren zu fördern und gleichzeitig alle relevanten Informationen zu erhalten.

– *In »Ich-Botschaften« zu sprechen* und nicht für andere zu sprechen bedeutet, immer von sich selbst auszugehen (nicht: »Du sprichst so undeutlich«, sondern: »Ich verstehe dich schlecht.«). Ich-Botschaften akzeptieren so auf sprachliche Weise die Subjektivität der Wirklichkeiten.

– *Konkretes Verhalten zu beschreiben* macht es leichter, den kritisierten Sachverhalt zu identifizieren und zu verändern. Interpretationen dienen nicht der Veränderung. Statt zum Beispiel allgemein zu sagen: »Dein Kommunikationsverhalten finde ich heute unzureichend«, sollte die Kritik konkret vorgebracht werden, etwa dergestalt: »Wenn mich nicht alles täuscht, hast du mich nun zum dritten Mal unterbrochen, könntest du mich bitte ausreden lassen?«

– *Positive Kritik voranzustellen*, macht es dem Kritisierten leichter, die folgende negative Kritik anzunehmen. Die damit verbundene emotionale Belastung ist in dieser Reihenfolge für den Adressaten geringer und die Wirkung größer.

– *Negative Unterstellungen* sind verletzend. Sätze wie: »Ist doch klar, du hast doch schon lange keine Lust mehr, in unserem Team zu arbeiten!« unterstellen dem anderen fehlende Motivation und wirken sich negativ auf seine/ihre Arbeitsmoral aus.

– Wird ein *anklagender oder verurteilender Ton* angeschlagen, werden bei dem Angesprochenen Schuldgefühle geweckt oder die Anrede wird als unpassende Verurteilung erlebt. Bei Sätzen wie: »Musstest du schon wieder den Termin verpassen!« spielt insbesondere auch die begleitende, abwertende Mimik und Gestik eine große Rolle. Hintergrund dieser Regel ist auch, dass es nicht um Schuldzuweisungen bei vermeintlichen Fehlern oder Problemen gehen sollte, sondern um eine sachorientierte Ursachenforschung innerhalb eines gemeinsamen Problem- oder Konfliktlösungsprozesses.

– *Den Zustand des Gegenübers bedenken*, heißt auch, darauf zu achten, in welchem seelisch-körperlichen Zustand sich der andere befindet und gegebenenfalls mit grundlegender Kritik – auch unter Beachtung der anderen Feedbackregeln – zu warten, bis das Gegenüber sich stabilisiert hat.

Betonung Offener Fragen

Indem der Moderator oder die Moderatorin hauptsächlich Offene Fragen stellt, werden die Gruppenmitglieder angehalten, ausführlicher ihre Informationen zu vermitteln und eher zurückhaltende Mitglieder ermutigt, sich überhaupt zu beteiligen. Folge ist ein hohes Niveau an Informationseingabe unter höchstmöglicher Beteiligung aller Mitglieder (siehe die Fragetechniken im Abschnitt »Psychologische Kompetenzen«, S. 84 ff.).

Vereinbarung, nach Anträgen zur Geschäftsordnung zu verfahren

Damit alle Gruppenmitglieder gleichermaßen auf den Ablauf von Sitzungen Einfluss nehmen können, wird empfohlen, nach Anträgen zur Geschäftsordnung zu verfahren. Dieses Prinzip sollte auch gleich in der ersten Sitzung vorgestellt, erläutert und fest vereinbart werden (siehe auch die Antragssystematik im Abschnitt »Ergebnisorientierte Moderation«, S. 68).

■ Konfliktphase

In der Konfliktphase konkurrieren die Mitglieder um den jeweils größten Einfluss, die beste Position in der Gruppe. Sowohl informelle Führerschaften einzelner Mitglieder und Gruppenfraktionen als auch die informelle Gruppenhierarchie werden ausgehandelt (siehe auch den Abschnitt »Grundstruktur von Teams und herkömmlichen Arbeitsgruppen«, S. 24). Darüber hinaus finden durchgängig Prozesse der Rollenfindung statt.

Als Merkmale dieser Phase sind zu erkennen:
- Positionskämpfe,
- Polarisierungen,
- Konflikte auf der Sach- und Beziehungsebene,
- Fundamentalkritik am Arbeitsverlauf in der Gruppe,
- Versuche, die Neutralität des Moderators/der Moderatorin im eigenen Interesse zu beeinflussen.

Moderationsansatz

In dieser Phase wird der Moderator/die Moderatorin stark beansprucht. Alle Konflikte werden entweder direkt über sie oder ihn ausgetragen (z. B. durch grundlegende Kritik am moderierten Ablauf); oder aber der/die Moderator/-in muss exponierte Konflikte zwischen Mitgliedern oder Fraktionen so behandeln, dass deren negative Kraft über Einsicht und konstruktive Befriedigung berechtigter Interessen in positive Motivation umgewandelt wird.

Gelassen reagieren sollte man sowohl auf Misstrauensäußerungen gegenüber der eigenen Rolle als auch auf Lobesbekundungen hinsichtlich der eigenen Moderation. Letzteres entspringt oft einem Anlehnungsbedürfnis an die Autorität des Moderators (um an seinem/ihrem Einfluss teilzuhaben); ersteres ist oftmals eine Projektion der Unzufriedenheit auf den personifizierten Dreh- und Angelpunkt der Gruppenprozesse.

Wichtig in dieser Phase ist – trotz des Vorrangs der Behandlung von Störungen: Man lasse sich niemals vollständig von den Konflikten vereinnahmen und behalte die Aufgabenorientierung im Auge.

Nichts ist dem weiteren Verlauf der Arbeitsgruppe abträglicher als eine Deformation in eine Pseudo-Selbsterfahrungsgruppe. Daher gilt als Grundsatz:

Konflikte vorrangig, aber intensiv und zeitlich begrenzt behandeln – sobald wie möglich die Aufgabenorientierung wieder in den Mittelpunkt stellen.

Moderationsinstrumente

Erkennen von möglichen Ursachen und Zusammenhängen

- intrapersonell: siehe dazu die Ausführungen zu Abwehrmechanismen nach Anna Freud im Kapitel »Konfliktmanagement«, S. 115 f.;
- interpersonell: siehe dazu die Ausführungen im Kapitel »Konfliktmanagement«, S. 117 ff.
- gruppenstrukturell: mangelhafte Arbeitsabläufe und Arbeitsteilung können Konflikte hervorrufen und aufrechterhalten; zur Optimierung der Aufgabenstruktur und Arbeitsprozesse siehe die entsprechenden Abschnitte (S. 108 ff.).

Systematische Ansätze der Konfliktbehebung

- Stärkung der »Ich«-Instanz (Freud),
- Berücksichtigung berechtigter Interessen bei der Gestaltung der Arbeitsabläufe und -teilung (Bedürfnisbefriedigung im Maslow'schen Sinn [s. S. 97 ff.], Anträge zur Geschäftsordnung, Erwartungsanalysen, Evaluationen von Arbeitsschritten).

Pragmatische Konfliktregelung

Nach der Formel V-I-R (siehe im Kapitel »Konfliktmanagement«, S. 114) einen Interessenausgleich herbeiführen.

■ Normierungsphase

Die Phase der konfliktreichen Rollen- und Positionsfindung ist weitgehend abgeschlossen. Es entsteht eine Gruppenidentität (»Wir-Gefühl«). *Die Arbeitsfähigkeit ist grundsätzlich hergestellt.* Merkmale hierfür sind:

- Engagement von Einzelnen oder Untergruppen für die ganze Arbeitsgruppe,
- Bereitschaft fast aller, Verantwortung für die Gruppe zu übernehmen,
- Verhaltensweisen der Vertrautheit und Intimität treten verstärkt auf,

- informelle Führerschaft ist ausgehandelt und akzeptiert,
- Bemühungen,»Außenseiter/-innen« zu integrieren,
- neue Mitglieder haben sich den Gruppennormen anzugleichen.

Moderationsansatz

Es beginnt eine verstärkte Hinwendung zur Aufgabenorientierung.
Die Moderation kann bei leichteren Konflikten die Selbststeuerungskräfte der Gruppe wirken lassen: Das relativ hohe Maß an Homogenität innerhalb der Gruppe lässt integrative Kräfte entstehen, die vereinzelte Konflikte einer einvernehmlichen Lösung zuführen. Konflikte werden nun häufig von der Gruppe ohne Moderatoren-Intervention gelöst.

Informelle Führer/-innen können in ihrer Rolle akzeptiert werden, sie können als »Sprachrohr« der Gruppe wertvolle Dienste leisten.

Konsolidiert wird diese Phase durch eine Aufgabengliederung, die baldige und vermehrte intrinsische Belohnungen erlaubt (Erfolgserlebnisse entstehen durch das Erreichen kurzfristiger Arbeitsziele).

Moderationsinstrumente

Systematisches Vorgehen
- Arbeitszielvereinbarungen (Zieldefinitionen),
- Zielzergliederung in operante Teilziele,
- konkrete Aufgabenstellung,
- gerechte, transparente und systematische Arbeitsteilung insbesondere über Maßnahmenpläne,
- transparente und effiziente Ablaufplanung insbesondere über Maßnahmenpläne,
- Systeme der Selbstkontrolle (insbesondere das Fachcontrolling zur regelmäßigen Überprüfung der Zielerreichungsgrade; bei Soll-Ist-Abweichungen die entsprechenden Ursachen fest-

stellen und den Mangel beheben; gegebenenfalls die Ziele reformulieren oder Termine strecken).

Strukturierungsmittel
- Fragetechniken (Offene und Geschlossene Fragen),
- Antworttechniken zum Bewerten (Ein-Punkt-/Mehr-Punkt-Fragen),
- Antworttechniken zum Sammeln (Kartenabfrage, Zuruf-Frage),
- Antworttechniken zum Systematisieren (Clustern auf Zuruf, hierarchische Datenorganisation, Themenspeicher),
- Ursachenanalyse (Histogramm, Fischgrät-Modell),
- Fehlerermittlung (Pareto-Analyse),
- Sammlung von Lösungsideen (Brainstorming, 6-3-5-Methode),
- Maßnahmenplan,
- Organigramme der Arbeitsteilung,
- Ablaufdiagramme.

Präsentationsmittel
Metapläne, Diagramme und Organigramme auf Pinnwänden.

■ Arbeitsphase

Die eigentliche Arbeitsfähigkeit der Gruppe ist nunmehr hergestellt. Gruppennormen, Arbeitsziele und arbeitsteilige Verfahren sind so ausdifferenziert, dass jedes Mitglied eine befriedigende Funktion ausüben kann.

Als Merkmale hierfür gelten:
- Bereitschaft zu gegenseitiger Unterstützung,
- Sach- und Aufgabenorientierung mit der Bereitschaft, voneinander zu lernen,
- individuell gefärbte Beiträge werden innerhalb des Gruppengefüges positiv gewürdigt,
- einzelne Mitglieder übernehmen Funktionen und Rollen im Wechsel.

Moderationsansatz

Innerhalb der Aufgabenorientierung gilt es nun, die schwierigs-
ten Arbeitsziele zu formulieren und die Aufgabenerledigung zu
begleiten. Bei der Aufgabenerledigung ist zu beachten, dass trotz
allgemein hoher Motivation und Verantwortlichkeit arbeitsteilige
Aufgaben unter der *personenbezogenen Verantwortung einzelner
Mitglieder* bearbeitet werden. Des Weiteren ist darauf zu achten,
dass Termine eingehalten und die Ergebnisse der einzelnen Arbeitsschritte dokumentiert werden. Das regelmäßige Erstellen
und (über Fachcontrolling begleitete) Abarbeiten von Maßnahmenplänen bietet hierfür die tragende Grundlage

*Die Moderation ist nun hauptsächlich als Beratung hinsichtlich
der fortlaufenden Arbeitsteilung und Ablaufplanung zu verstehen.*

Moderationsinstrumente

Systematisches Vorgehen
- Arbeitszielvereinbarungen (Zieldefinitionen),
- Zielzergliederung in operante Teilziele,
- konkrete Aufgabenstellung,
- gerechte, transparente und systematische Arbeitsteilung insbesondere über Maßnahmenpläne,
- transparente und effiziente Ablaufplanung insbesondere über
  Maßnahmenpläne,
- Systeme der Selbstkontrolle (insbesondere das Fachcontrolling zur regelmäßigen Überprüfung der Zielerreichungsgrade;
  bei Soll-Ist-Abweichungen die entsprechenden Ursachen feststellen und den Mangel beheben; gegebenenfalls die Ziele reformulieren oder Termine strecken).

Strukturierungsmittel
- Fragetechniken (Offene und Geschlossene Fragen),
- Antworttechniken zum Bewerten (Ein-Punkt-/Mehr-Punkt-
  Fragen),
- Antworttechniken zum Sammeln (Kartenabfrage, Zuruf-Fra-
  ge),

- Antworttechniken zum Systematisieren (Clustern auf Zuruf, Hierarchische Datenorganisation, Themenspeicher),
- Ursachenanalyse (Histogramm, Fischgrät-Modell),
- Fehlerermittlung (Pareto-Analyse),
- Sammlung von Lösungsideen (Brainstorming, 6-3-5-Methode),
- Maßnahmenplan,
- Organigramme der Arbeitsteilung,
- Ablaufdiagramme.

Präsentationsmittel
- Metapläne, Diagramme und Organigramme auf Pinnwänden.

■ Schlussphase (bei zeitlich begrenzten Arbeitsgruppen)

Kommen Arbeitsgruppen – wie zum Beispiel »Qualitätszirkel« – ihrer Auflösung näher, so birgt dies die Gefahr in sich, dass der endgültige Abschluss der Arbeitsergebnisse entweder zeitlich hinausgezögert wird oder aber die Arbeit selbst zu früh als erledigt angesehen wird.

Darüber hinaus können intrapersonelle Konflikte bei Mitgliedern auftreten, die eine Rückverlagerung ihrer Tätigkeit in ihren angestammten Arbeitsbereich fürchten.

Als Merkmale sind zu nennen:
- Versuch der Verlängerung der Aufgabenerledigung durch unangemessene Problematisierungen der Arbeitsinhalte,
- unzureichende Dokumentation der Ergebnisse (besonders hinsichtlich der Form),
- Geringschätzung der Arbeitsleistung als Abwehrreaktion auf das Ende der Gruppe.

Moderationsansatz

Die Schlussphase sollte von der Moderation ebenso ernst genommen werden wie die vorherigen Phasen. Nicht nur die Aufrechterhaltung der Arbeitsmotivation bis zum Abschluss des letzten

Arbeitsschrittes ist von besonderer Bedeutung (denn wem nützen perfekte Ergebnisse ohne entsprechende Dokumentation?).

Ebenso ist die beziehungsorientierte Betreuung der scheidenden Mitglieder in ihr angestammtes Arbeitsfeld nicht zu unterschätzen. Auch hier sollten Konfliktbearbeitungen im Zusammenhang mit dem Ende der Gruppe genügend Raum bekommen.

Darüber hinaus sollte zum Abschluss eine Evaluation des gesamten Gruppenprozesses sowohl aufgaben- als auch beziehungsorientiert stattfinden, und das nicht nur zur Selbstreflexion der Gruppe, sondern auch, um für anschließende Arbeitsgruppen zu werben (»Ausblick«).

Moderationsinstrumente

Ergebniskontrolle
- gemeinsame Schlusskorrektur der Ergebnisdokumentation.

Evaluation
- der Arbeitsergebnisse,
- der Gruppenprozesse,
- der individuellen Erfahrungen.

Neutrale Moderation

Die unabdingbare, grundsätzliche und zentrale Fähigkeit eines/r jeden Moderators/-in ist die durchgängige Einnahme einer neutralen Position, die sich sowohl auf die Beziehungs- als auch auf die Aufgabenorientierung bezieht.

Neutrales Verhalten heißt im Wesentlichen:

- **Keine Autoritätsanmaßung:**
  Es sollten keine Vorgaben gemacht werden; es wird nicht allein aufgrund des Rollenstatus reglementiert. Hingegen sollte jeder Weisungsinhalt oder jedes Reglement als begründeter Vorschlag in die Arbeitsgruppe eingegeben und erst dann wirksam werden, wenn der Vorschlag die mehrheitliche Zustimmung der Gruppe findet.

- **Jedem/r Einzelnen den gleichen Aktions- und Rückzugsraum zugestehen:**
  Die Worterteilung sollte sich nach der zeitlichen Reihenfolge der Wortmeldungen richten. Alle haben gleichermaßen das Recht auszusprechen und sollten nicht unterbrochen werden. Stillere Mitglieder dürfen keinesfalls gegen ihren Willen in den Mittelpunkt der Gruppe gestellt werden.

  Sollten – was häufig vorkommt – einzelne Mitglieder die gesamte Gruppe über extensive Wortbeiträge dominieren, so dürfen diese *nicht* persönlich gemaßregelt werden. In diesen Fällen muss ein Reglement gefunden werden, das für alle gilt.

  Ein bewährtes Mittel sind an dieser Stelle die Anträge zur Geschäftsordnung, über die beispielsweise die Begrenzung der individuellen Redezeit festgelegt werden kann; dieses Reglement gilt dann für alle (obwohl es nur für die »Vielredner« Folgen hat), und niemand kann sich objektiv benachteiligt fühlen.

- **Keine negative Bewertung von Beiträgen:**
  Werden Beiträge gegenüber einer Person oder Fraktion negativ bewertet, so entsteht zumeist das Gefühl der Zurücksetzung der Betroffenen. Es ist zu betonen, dass insbesondere nonverbale Wertungen (z. B. Verziehen des Gesichts bei einem Beitrag) tief greifende Abwertungsgefühle zur Folge haben können.
- **Bei Kritik die positiven Aspekte betonen:**
  Jedem noch so kritikwürdigen Verhalten kann noch ein positiver Aspekt abgewonnen werden. So sollte jede Kritik auf das Notwendigste beschränkt bleiben (am besten abwarten, ob die Kritik nicht aus der Gruppe selbst kommt) und der positive Aspekt vorangestellt werden.
- **Lob und Anerkennung gerecht verteilen:**
  Eine indirekte Zurücksetzung kann auch empfunden werden, wenn eine Person oft gelobt wird, andere jedoch nicht. So sollte gerade bei eher zurückhaltenden Gruppenmitgliedern das Lob oder die Anerkennung für deren Leistungen als wirkungsvolle Motivation eingesetzt werden. Dabei zeichnet sich die Anerkennung gegenüber dem Lob dadurch aus, dass das Lob eher allgemein ist (z. B. »Das haben Sie prima gelöst«), die Anerkennung jedoch die Leistungen differenziert würdigt (z. B.: »Ihre Lösung erscheint mir aus folgenden Gründen als sehr tragfähig, ...«).
- **Bei Gruppenkonflikten gerechten Ausgleich schaffen:**
  Bei Konflikten soll grundsätzlich für beide oder alle Parteien dezidiert Verständnis geäußert werden. Lösungsvorschläge sollen begründet werden und den Konfliktparteien muss ermöglicht werden, ihr Gesicht zu wahren; darüber hinaus sollten Lösungsvorschläge einen positiven Zukunftsaspekt beinhalten.
- **Keine Unterstellung negativer Motive:**
  Sollten Störungen oder Fehler von Gruppenmitgliedern verursacht worden sein, so gilt es, weiterhin die besten Absichten zu unterstellen oder das Motiv ganz auszuklammern. Unterstellungen sind Attributionen (überdauernde Zuschreibungen), die unter Umständen starke Gefühle der Herabwürdigung der Gesamtpersönlichkeit zur Folge haben können.

- **Durchgängig gelassen bleiben:**
  Reagiert der Moderator/die Moderatorin emotional auf Beiträge oder Arbeitsweisen, so werden insbesondere auf der nonverbalen Ebene Zeichen gesendet, die als Negativwertung der Situation oder des jeweiligen Verhaltens aufgefasst werden können. Hinzu kommt, dass ein emotionalisiertes Bewusstsein stark selektiv arbeitet (»Tunnelblick«) und allein deshalb die Gefahr besteht, dass der Moderator wichtige Informationen ausblendet und zu subjektiven Schlüssen kommt oder reflexartig auf unangenehmes Verhalten von Gruppenmitgliedern reagiert.
- **Qualität der Aufgabenerledigung als Maßstab der Neutralität:**
  Sind Wertungen unumgänglich, so sollte als deren Maßstab die angestrebte Qualität der Aufgabenerledigung gelten. Wenn ein Verhalten (Ist-Zustand) diese Aufgabenerledigung erschwert, so stellt dies eine Abweichung vom Soll-Verhalten dar. Der begründete Hinweis auf diese Abweichung wird meistens als neutraler Hinweis aufgenommen.

Verwandlung subjektiver Positionen in neutrale Positionen

Wie kann eine neutrale Position aufrechterhalten werden? Genügen die aufgeführten Verhaltensgrundsätze, um neutral zu bleiben? Gibt es überhaupt einen sich neutral verhaltenden Menschen?

Um die genannten Verhaltensgrundsätze befolgen zu können und nicht immer wieder und unvermittelt in wertende, subjektive Reaktionen zu verfallen, ist ein Lernprozess erforderlich, dessen Ziel folgendes Rollenbewusstsein sein sollte:

Sich selbst während des Moderierens immer wieder als empfindendes, wertendes und selektives, das heißt parteiisches Subjekt wahrzunehmen.

Diese Subjektivität äußert sich über die Eigenwahrnehmung der gedanklichen und körperlichen Prozesse, die eine Situation oder ein Verhalten in einem selbst auslösen. So kommt es zu – prinzipiell wahrnehmbaren – Körperreaktionen, wenn etwa ein Gruppenmitglied ein anderes verletzend behandelt, sei es, dass einem diese Wahrnehmung den Atem raubt oder Bauchschmerzen bereitet.

Wird diese Körperreaktion nicht bewusst wahrgenommen (vielleicht deshalb, weil man ja »neutral« bleiben will), so wird sie dennoch später das Moderationsverhalten beeinflussen. Diese Beeinflussung geschieht in diesem Falle jedoch unbewusst (indem sich z. B. die Abscheu vor diesem Verhalten in nonverbalen Ablehnungsgesten äußert), und wir können dieses unbewusste Negativgefühl nicht mehr umwandeln im Sinne von Neutralisieren.

> Sich selbst als empfindendes, wertendes und selektiv wahrnehmendes Subjekt akzeptieren können.

Neben der Fähigkeit, die eigenen Gedanken- und Körperreaktionen wahrzunehmen, sollte es auch gelingen, diese Reaktionen vollständig zu akzeptieren. Wichtig ist hierbei, dass bewusst wird, dass die Akzeptanz des Gefühls nicht automatisch eine entsprechende Reaktion hervorrufen muss.

Geht mit diesem akzeptierenden Wahrnehmungsprozess auch noch ein Verstehen einer hinsichtlich des Zusammenhangs von Reiz und intrapersoneller Reaktion, so kann man dieses Verständnis in die Konfliktsituation einfließen lassen.

Kognitionspsychologisch ausgedrückt geht es hierbei in einem lebenslangen Lernprozess um die Stärkung des »Kognitiven Apparats«. Dieser Prozess lässt sich vereinfacht nach folgendem Muster darstellen (s. Abb. 4).

Für die Moderation kann entsprechend »Neutralität« so definiert werden:

Neutral verhält sich die Moderatorin/der Moderator dann, wenn sie/er die eigenen subjektiven Empfindungen wahrnimmt und für sich akzeptiert, um sodann authentisch auf Gruppengeschehnisse situations- und aufgabengerecht reagieren zu können.

Reiz
↓
Wahrnehmung der unwillkürlichen intrapersonalen **Reaktion** sowohl auf körperlicher als auch auf mentaler Ebene
↓
Akzeptanz dieser intrapersonalen **Reaktion**; Einsicht in die Ursachen dieser Reaktion
↓
reflexfreies, situationsgerechtes Verhalten (Beibehaltung der neutralen Moderationsrolle): freie Aktion, statt blinde Reaktion

Abbildung 4: Lernprozess »Neutrale Moderation«

Neutrale Moderation und Führungsverantwortung

Für Führungskräfte stellt sich die Frage: Kann ich überhaupt der neutralen Position einer Moderation gerecht werden, da ich doch die inhaltliche Ergebnisverantwortung trage? Komme ich meiner Führungsverantwortung noch nach, wenn ich mich während der Arbeitsprozesse inhaltlich neutral verhalte, obwohl ich letztendlich für die Qualität der Arbeitsergebnisse geradestehen muss?

So verlangt in der Tat eine Moderation durch Führungskräfte eine besondere Aufmerksamkeit hinsichtlich des Abgleichs zwischen rein struktureller (neutraler) Ausrichtung der Moderation und inhaltlicher Ergebnis- und Prozessverantwortung.

Zunächst gilt zu bedenken, dass eine strukturelle Ausrichtung nicht bedeuten muss, die inhaltliche Qualität der moderierten Arbeitsprozesse zu vernachlässigen. Vielmehr geht es darum, die eigenen inhaltlichen Setzungen (z. B. Lösungsvorschläge oder Problemdefinitionen) zurückzustellen und es dem Mitarbeiterkreis zu ermöglichen, die entsprechenden Inhalte zu entwickeln.

Des Weiteren beinhalten auch die Moderationstechniken Kontrollsysteme, die es ermöglichen, auch während der moderierten Arbeitsprozesse erarbeitete Inhalte zu reflektieren und zu verändern.

Die folgenden praktischen Handlungsempfehlungen zum Abgleich inhaltlicher Führungsverantwortung mit neutraler Moderationsrolle sollen Ihnen aufzeigen, wie Sie als Führungskraft auch innerhalb Ihrer Moderationsrolle das inhaltliche Zepter in der Hand behalten können.

Empfehlungen zum Abgleich inhaltlicher Führungs-
verantwortung und neutraler Moderatorenrolle

Voraussetzungen zur Übernahme einer Moderation

Machen Sie auf der Führungsebene zunächst folgendes deutlich:

- **Sie werden Ihre Moderation niemandem aufzwingen:**
  Sie bieten die Moderation als spezielle methodische Dienst-
  leistung Ihren Mitarbeitern/-innen an, indem Sie vor Über-
  nahme den betreffenden Arbeitskreis fragen, ob alle damit einverstanden sind.

  Erhalten Sie keinen Widerspruch, können Sie die inhaltliche
  Autorität in Anspruch nehmen, die Sie benötigen, um zu moderieren. Sie können für die Zeit des Moderierens Abstand
  nehmen von Ihrer formalen Weisungsbefugnis und dennoch
  mit der Ihnen als Moderator/-in zugesprochenen Autorität die
  Gruppe steuern.

  Die Freiwilligkeit des Moderierens bedeutet zugleich, dass Sie
  jederzeit Ihre Moderationsrolle abgeben können, wenn Ihnen
  beispielsweise nicht der nötige Respekt für diese Rolle entge-
  gengebracht wird.

  Zugleich ist es aber auch möglich, dass Ihnen – und auch das
  sollten Sie der Runde mitteilen – die Moderation über einen
  Antrag zur Geschäftsordnung entzogen werden kann, sollten
  die Mitarbeiter/-innen etwa den Eindruck haben, Sie würden
  zu oft Ihre neutrale Position verlassen.

- **Sie werden die Arbeitsergebnisse am Ende des Moderations-
  prozesses als Führungskraft hinsichtlich derer inhaltlicher
  Qualität überprüfen:**
  Hierfür ist zu empfehlen, einen Modus Vivendi vorzuschlagen,
  der regelt, auf welche Art und Weise Sie Ihr inhaltliches Veto-
  recht ausüben. Folgende Systematik hat sich bewährt:
  - Sie üben Ihr Vetorecht erst bei Vorliegen der endgültigen
    Arbeitsergebnisse aus.
  - Während der moderierten Arbeitsprozesse enthalten Sie
    sich jeglicher Beurteilung erarbeiteter Inhalte.
  - Im Fall einer Ablehnung der erarbeiteten Arbeitsinhalte, be-
    gründen Sie dies dem Arbeitskreis differenziert, gegebenen-
    falls auch schriftlich.

– Nach Ihrem Veto erhält der Arbeitskreis die Möglichkeit, das beanstandete Arbeitsergebnis zu verbessern.

Möglichkeiten inhaltlicher Einflussnahme, ohne die neutrale Moderationsrolle zu verlassen

Sie haben nicht nur am Ende der Arbeitsprozesse, sondern schon zuvor die Möglichkeit, auf inhaltliche Fehlentwicklungen zu reagieren. Wenden Sie daher während der Arbeitsprozesse folgende Kontrolltechniken an, und zwar dergestalt, dass nicht Sie selbst die inhaltliche Qualität überprüfen, sondern die Mitarbeiter/-innen:

- **Stellen Sie regelmäßig Kontrollfragen:** Fragen wie: »Ist unsere Themensammlung vollständig? Ist unser Ziel konkret genug beschrieben? Ist der Vorschlag zum Arbeitsverfahren in sich logisch?« lenken den Fokus auf die Qualität der erarbeiteten Inhalte.

- **Fördern Sie Zwischenerörterungen und Pro und Kontra-Diskussionen:** Durch diese Diskurse werden die erarbeiteten Inhalte kontrovers beurteilt. Gerade die Auffächerung in Pro und Kontra bewirkt, dass die Inhalte aus einem weiten Verständnishorizont heraus erschlossen werden und kein Aspekt unberücksichtigt bleibt.

- **Fordern Sie nach erarbeiteten Zwischenergebnissen und nach Vorlage des Endergebnisses auf, die Phase des »kritischen Zweifelns und Verneinens« zu durchlaufen:** Diese Phase beinhaltet, dass die Mitarbeiter/-innen eine deutlich kritische Haltung zu ihren erarbeiteten Ergebnissen einnehmen. Durch diese Fundamentalkritik wird der Wert der Ergebnisse bis in die Tiefe durchleuchtet.
  Wählen Sie für diese Phase die so genannte *Statementrunde*. Dabei kann auf freiwilliger Basis jede/r Mitarbeiter/-in in offener Aussprache das Arbeitsergebnis reflektieren und kritisieren. Wichtig dabei ist, dass während dieser Runde Kritik nicht sofort widersprochen wird. Erst nachdem alle Beiträge stichwortartig visualisiert gesichert sind, treten Sie in die Phase der offenen Diskussion und erörtern die Kritikpunkte in ihrem Zusammenhang und mit dem Ziel der Qualitätsoptimierung.

- **Bringen Sie als Moderator/-in Informationen in die Runde ein:** Sie können zu jeder Zeit über Kurzreferate wichtige Informationen vermitteln. Diese Informationen müssen jedoch von den Mitarbeitern/-innen selbst hinsichtlich der Relevanz für die Zielerreichung geprüft werden. Meistens genügt die bloße Information (z. B. über Gesetzesgrundlagen, Budgetvolumen), um eine inhaltliche Korrektur zu bewirken.

Aufgrund der Verwendung der beschriebenen Techniken können Sie davon ausgehen, dass die erarbeiteten Ergebnisse Ihren inhaltlichen Qualitätsanforderungen genügen – vielleicht sogar übertreffen –, ohne je selbst als Moderator/-in Inhalte vorgegeben zu haben.

Ergebnisorientierte Moderation

Jede erfolgreiche Moderation ist ergebnisorientiert. Das bedeutet zunächst, in jedem Moment der Moderation von Teamsitzungen darauf zu achten, dass
- konzentriert und effizient an der Aufgabenerledigung gearbeitet und
- ein kollegialer, kooperativer Umgang als Grundlage der Zusammenarbeit gefördert wird.

Um diesen Grundsatz zu verwirklichen, stehen der Moderatorin oder dem Moderator verschiedene Techniken zur Verfügung. Eine effiziente Aufgabenorientierung wird durch sinnvolle Strukturierungen von Teamsitzungen ermöglicht.

Tagesordnung

Die Tagesordnung stellt sicher:
- Alle Arbeitsthemen werden vollständig gesammelt.
- Die Themen können nach Wichtigkeit systematisch abgearbeitet werden.
- Wiederkehrende Themen (z. B. Protokollannahme der letzten Sitzung) können dauerhaft aufgenommen werden und gehen somit nicht verloren.
- Aktuelle Themen können kurzfristig aufgenommen werden.
- Über die Visualisierung der Tagesordnungspunkte (TOP), etwa per Flipchart oder Einladungsblatt, wird der thematische Überblick gewährleistet und auch die Konzentration auf den momentanen TOP gefördert.
- Jedes Teammitglied kann über »Anträge zur Geschäftsord-

nung« auf die Abarbeitung der TOP und somit systematisch auf den Ablauf der Teamsitzung Einfluss nehmen.

• Die Tagesordnung ist strukturelle Grundlage zur Erstellung von Ergebnisprotokollen und damit auch Grundlage der Ergebnissicherung.

Die Sammlung der TOP kann über Dienstbücher erfolgen, in die zur Dokumentation die wichtigsten Arbeitsereignisse eingetragen werden, oder dadurch, dass für jede Woche rotierend ein Arbeitsbereich die Erstellung der Tagesordnung übernimmt (z. B. durch Befragung der Kollegen/-innen), was schon im Vorfeld die kooperative Zusammenarbeit fördert.

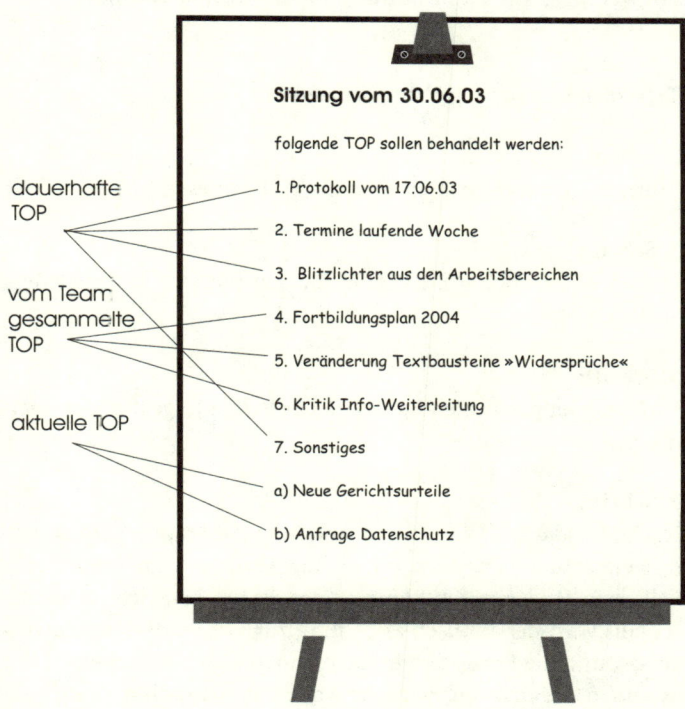

Abbildung 5: Visualisierte Tagesordnungen befördern ein ergebnisorientiertes und effizientes Abarbeiten wiederkehrender und aktueller Themen

Der TOP »Sonstiges« (auch »Verschiedenes«) darf nicht fehlen, fällt doch in der Sitzung selbst den Teilnehmenden noch das eine oder andere wichtige Thema ein.

Kann die *Tagesordnung nicht vollständig abgearbeitet* werden, rücken die vertagten Punkte automatisch an den Anfang der Tagesordnung der nächsten Sitzung.

Mit dieser Art Tagesordnung haben Sie nun die Grundstruktur zur Verfügung, innerhalb derer Sie *für jeden einzelnen TOP* die im Folgenden aufgeführten Möglichkeiten der Feinstrukturierung eines Themas vornehmen können.

Empfehlung zur Handhabung einer Tagesordnung

1. Schritt:
Tagesordnung per Flipchart visualisieren.

2. Schritt:
Kollegen/-innen begrüßen und alle TOP verlesen.

3. Schritt:
Fragen, ob es noch weitere TOP für den Punkt »Verschiedenes« anstehen.

4. Schritt:
Notieren der genannten Punkte in der Reihenfolge der Wortmeldungen.

5. Schritt:
Nachdem alle TOP visualisiert sind folgt die Frage: »Sind Sie damit einverstanden, nach dieser Tagesordnung zu verfahren?« Falls kein Widerspruch kommt folgt der nächste Schritt. Anderenfalls wird der Wunsch als Antrag zur Geschäftsordnung aufgefasst und die Frage gestellt, ob es einen Gegenantrag gibt. Gibt es keinen Gegenantrag, wird der Änderungswunsch sogleich vollzogen, falls doch, wird der Gegenantrag formuliert und sofort ohne Diskussion abgestimmt und nach Mehrheitsvotum der Beschluss umgesetzt.

6. Schritt:
Es folgt die Kontrollfrage, ob mit dem ersten TOP begonnen werden kann. Wenn jemand aus der Runde diese Frage verneint, auf die Belange eingehen und bei einem Verfahrenswunsch diesen als Antrag zur Geschäftsordnung behandeln. Wenn es keine Einwände gibt, folgt der nächste Schritt.

7. Schritt:
Ersten TOP von Flipchart vorlesen und Hintergrundinformationen geben (bei dauerhaften TOP wie z. B. Protokollannahme in der Regel nicht notwendig): Problemvorlauf oder sachlichen Kontext berichten und dabei auf Objektivität der Information achten.

8. Schritt:
Vorschlag zur zeitlich-inhaltlichen Feinstrukturierung der Behandlung dieses TOP unterbreiten (z. B.: »Ich schlage vor, zunächst den Bericht der Kollegin J. vollständig zu hören und im Anschluss daran zwanzig Minuten darüber zu diskutieren, mit dem Ziel, das weitere Vorgehen gemeinsam und definitiv zu beschließen«).

9. Schritt:
Nach dem Bericht bietet es sich an, eine Kontrollfrage zu stellen: »Gibt es Verständnisfragen zu diesem Bericht« (ggf. Fragen beantworten lassen, sonst folgt der nächste Schritt).

10. Schritt:
Diskussion mit Offener Frage eröffnen (z. B. »Welche Aspekte sind für unser weiteres Vorgehen von zentraler Wichtigkeit?«).

11. Schritt:
Diskussionsbeiträge visualisiert zusammenfassen (entweder am Flipchart oder auf Präsentationskärtchen, die für die Zusammenfassung an die Pinnwand gepinnt werden).

12. Schritt:
Auf der Grundlage der zusammengefassten Redebeiträge Entscheidung über weiteres Vorgehen herbeiführen – zunächst nach Konsensprinzip, anderenfalls nach Mehrheitsentscheid (inhaltliche Abstimmung).

13. Schritt:
Kontrollfrage stellen: Können wir nun zum nächsten TOP kommen? Falls kein Widerspruch erfolgt, wird der nächste TOP benannt und es werden entsprechende Hintergrundinformationen geliefert (es folgt das Schema ab Punkt 8).

Wichtige Tipps:

- Tagesordnung immer über Antrag zur Geschäftsordnung vom Team annehmen lassen.
- TOP immer mittels Hintergrundinfos erläutern (lassen).
- TOP durch Strukturierungsvorschlag gliedern und handhabbar machen.
- Beiträge der Teammitglieder visualisiert zusammenfassen.
- Regelmäßig Kontrollfragen stellen, spätestens nach jedem abgearbeiteten TOP.

Zur gemeinsamen Verfahrensstrukturierung in Sitzungen: Behandlung von Anträgen zur Geschäftsordnung

Als Moderatorin oder Moderator stehen Sie immer wieder vor der schwierigen Aufgabe, die unterschiedlichsten Vorstellungen hinsichtlich des Ablaufs einer Sitzung so zu koordinieren, so dass sich niemand übergangen fühlt. Zugleich jedoch darf das Koordinieren nicht zu viel Zeit einnehmen – denn endlose Diskussionen über die Platzierung der Pause oder wie lange noch über ein Thema gesprochen werden soll, haben schon so manche Sitzung zu einer qualvoll unergiebigen Veranstaltung gemacht.

Um beiden Aspekten gerecht zu werden, das heißt allen Teilnehmenden die Einflussnahme auf den Ablauf der Sitzung zu ermöglichen und zugleich sich nicht in Verfahrensfragen zu verlieren, können Sie das Instrument »Anträge zur Geschäftsordnung« in Ihre Teamarbeit einführen.

Anträge zur Geschäftsordnung stehen in einer langen parlamentarischen Tradition und sind das kürzeste demokratische Entscheidungsfindungsverfahren. Anträge zur Geschäftsordnung unterscheiden sich von inhaltlichen Anträgen dadurch, dass sie sich allein auf den Ablauf einer Sitzung, jedoch nicht auf die Bewertung von Inhalten beziehen.

Über Anträge zur Geschäftsordnung können insbesondere folgende Verfahrensfragen zügig und demokratisch geklärt werden:

- Annahme der Tagesordnung,
- Wiedereröffnen der Tagesordnung (um etwa einen Punkt vorzuziehen oder einen weiteren unter »Verschiedenes« einzufügen),
- Beenden oder Wiedereröffnen der Rednerliste,
- sofortiges Ende der Debatte,
- Lage der Pausen,
- Öffnen und Schließen der Fenster oder Gestaltung des Sitzungsrahmens,
- Strukturierungsvorschläge einzelner TOP (z. B. Antrag, die laufende Diskussion zu verlängern),
- persönliche Erklärung eines Teilnehmenden (z. B. als Ausdruck persönlicher Befindlichkeit).

Es ist dabei nicht notwendig, zuvor eine schriftliche Geschäftsordnung als Grundlage für diese Anträge erstellt zu haben. Liegt keine eigene vor, so gilt als Geschäftsordnung die bundesdeutsche Verfassung und es gelten insbesondere die nachgeschalteten Gesetze, die die Persönlichkeitsrechte der Teammitglieder schützen. Es sollte jedem Einzelnen in Sitzungen möglich sein, auf die Strukturen, die ihn in einer Sitzung fremdbestimmen (z. B. Zeitpunkt der Pausen), in demokratischer Weise Einfluss zu nehmen.

Wenn Sie das im Folgenden beschriebene Verfahren der Anträge zur Geschäftsordnung dauerhaft in Ihrem Team implementiert haben, werden Sie merklich spüren, wieviel entspannter und effizienter die Sitzungen ablaufen.

Ablaufschema von Anträgen zur Geschäftsordnung

Die Anträge zur Geschäftsordnung erlauben *keine* inhaltliche Diskussion. Sie werden streng nach dem gleichen Verfahren behandelt (Abb. 6):

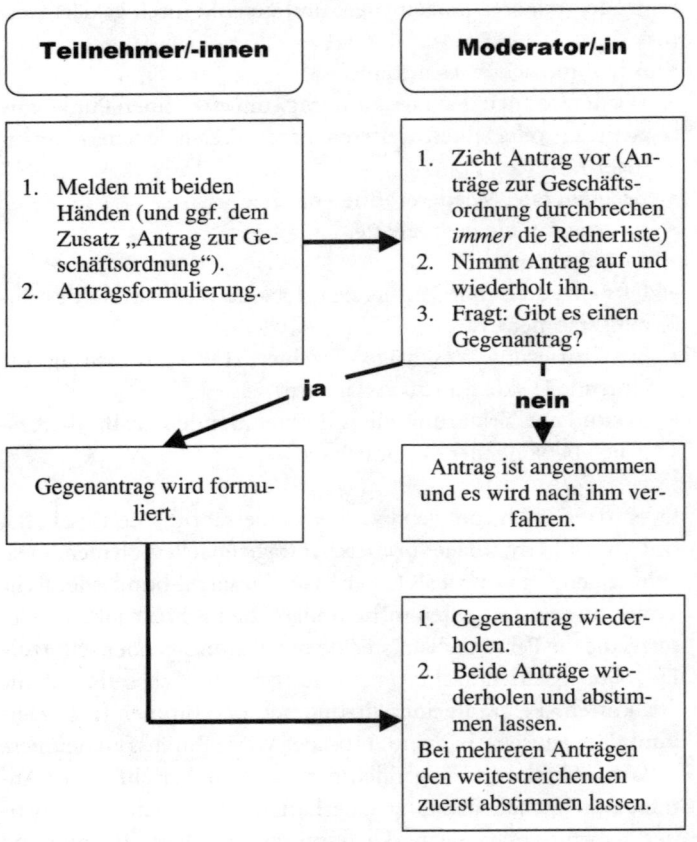

Abbildung 6: Anträge zur Geschäftsordnung werden immer nach dem gleichen Ablaufschema behandelt

Bestimmung des Ist-Zustands

Kann sich ein Team nicht mehrheitlich auf eine einheitliche Auffassung eines aktuellen Sachverhalts einigen, fehlt jegliche
Grundlage, diesen strittigen Sachverhalt weiter zu bearbeiten. So
macht es beispielsweise nur Sinn, sich etwa der Verbesserung eines Textbausteins beim Erstellung von Bescheiden zu widmen,
wenn die maßgeblich damit befassten Teammitglieder sich darüber einig sind, dass dieser Textbaustein tatsächlich mangelhaft
formuliert ist. So ist es in diesem Beispiel zunächst nötig, die konkreten Mängel des Textbausteins gemeinsam zu erfassen (Ist-Zustand).

Erst die einvernehmliche Auffassung eines konkreten, verän-
derungswürdigen Ist-Zustands bewirkt die Einsicht, den Soll-Zustand erreichen zu wollen.

Empfehlung zur Bestimmung des Ist-Zustands

1. Lassen Sie den Ist-Zustand so exakt wie möglich konkretisie-
   ren; stellen Sie hierfür insbesondere die folgenden Offenen
   Fragen:
   - Seit wann genau liegt der behandelte Sachverhalt vor?
   - Wo tritt der Sachverhalt auf?
   - Wer ist von diesem Sachverhalt betroffen?
   - Wie wirkt sich der Sachverhalt auf die Betroffenen aus?
   - Was sind die zentralen Merkmale des Sachverhalts?
   - Wie lässt sich der Sachverhalt von den Kontext-Sachverhal-
     ten abgrenzen?
2. Visualisieren Sie die Antworten auf die Fragen.
3. Stellen Sie Konsens her über einen von allen anerkannten
   Sachverhalt.
4. Sichern Sie das Ergebnis.

Ursachenanalyse

Hat sich das Team auf einen Ist-Zustand zu einem bestimmten Thema oder Sachverhalt geeinigt und möchte es diesen verändern, so sollte die Moderation darauf achten, dass der Weg zum Soll-Zustand erst dann beschritten wird, wenn die Ursachen des mangelhaften Ist-Zustands erarbeitet worden sind.

Das »Fischgrät-Modell« (auch Ishikawa-Diagramm genannt) bietet eine sehr gute Visualisierung systematischer Ursachenanalyse. Es wurde in Japan um 1950 von Kaoru Ishikawa entwickelt (Rischa u. Titze 1994, S. 84 f.).

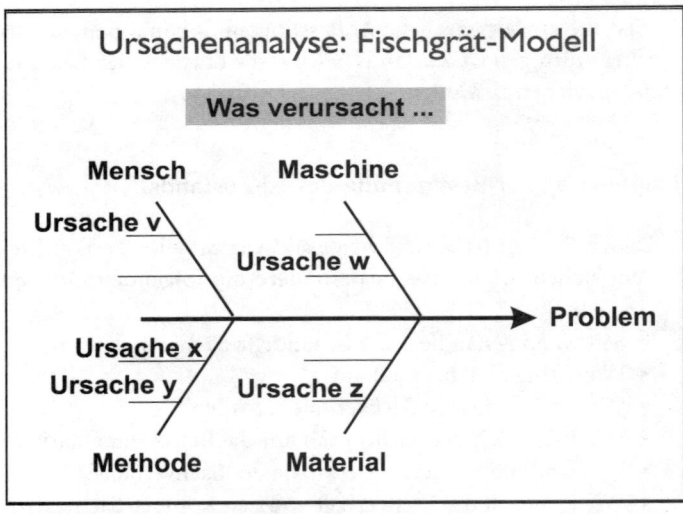

Abbildung 7: Das Fischgrät-Modell als Grundsystematik einer Ursachenanalyse fördert sowohl ein vollständiges Erfassen möglicher Ursachen als auch die Bestimmung der Hauptursache

Im Fischgrät-Modell werden die mannigfaltigen Ursachen, die ein Problem begründen können, nach den Bereichen *Mensch*, *Maschine*, *Methode* und *Material* differenziert.

Dabei ist es wichtig, dass immer auch nach den Ursachen der Ursache gefragt wird. So könnte in unserem Beispiel der mangelhafte Textbaustein durch die falsche Zitation einer Rechtsprechung verursacht sein.

Er könnte aber auch dadurch verursacht sein, dass diese Rechtsauffassung nur ausschnittweise vorliegt; in diesem Fall wäre der Mangel im Bereich der (Arbeits-)Methode (hier: Informationssammlung) anzusiedeln.

Wo immer man die ersten erkennbaren Ursachen ansiedelt: Es muss weiter nach den Ursachen dieser Ursachen geforscht werden. So sollte *fünfmal nach dem Warum* gefragt werden:

Beispiel:

Folgendes Problem besteht: Es liegt für ein standardisiertes Antwortschreiben einer Behörde ein mangelhafter Textbaustein vor.

- Die erste Frage nach der Ursache des Problems (*erstes Warum*) ergibt die Antwort: Der Textbaustein zitiert eine entsprechende Rechtsprechung falsch.
- Die zweite Frage nach der Ursache (*zweites Warum*) der Ursache ergibt die Antwort: Das Urteil liegt nur in Auszügen vor.
- Die dritte Frage nach der Ursache (*drittes Warum*) ergibt die Antwort: Das Urteil wurde von privater Seite eingebracht.
- Die vierte Frage nach der Ursache (*viertes Warum*) führt zu der Antwort: Es gibt keine systematische und regelmäßige Abfrage neuester Urteile in Originalformulierung.
- Die fünfte Frage nach der Ursache (*fünftes Warum*) ergibt die Antwort: Es gibt hierfür keinen regelmäßigen Arbeitsvorgang.

So wissen nun die Teammitglieder in unserem Beispiel, dass derartige Fehler über die Einrichtung eines regelmäßigen Arbeitsvorganges »monatliche Sammlung und Systematisierung neuester Urteile« grundlegend behoben werden kann. Nach der Ursachenanalyse kann nun das Ziel bestimmt werden, das den Soll-Zustand definiert.

Ist das Ziel (eingerichteter Arbeitsvorgang »monatliche Sammlung und Systematisierung neuester Urteile«) definiert, können die Mittel und Wege bestimmt werden, wie schrittweise der Arbeitsvorgang eingerichtet werden kann.

Um als Moderator oder Moderatorin die Teilnehmenden sicher durch die Ursachenanalyse nach dem Fischgrät-Modell führen zu können, empfiehlt sich ein systematisches Vorgehen.

Pragmatische Vorgehensweise bei der Ursachenanalyse

Folgende Schrittfolge hat sich als effizient erwiesen:

Vorbereitung

Nehmen Sie *zwei* Pinnwände und stellen Sie diese nebeneinander auf und übertragen Sie das Fischgrät-Modell auf die Gesamtfläche der beiden bespannten Pinnwände. Legen Sie sich Präsentationskärtchen in dezenten Farbtönen und in Signalfarben zurecht. Lassen Sie die Teilnehmenden sich um die beiden Pinnwände gruppieren. Geben Sie jedem/jeder einen Filzstift.

Sammlungsphase (Brainstorming)

1. Pinnen Sie das niedergeschriebene Problem via Karte an die Pfeilspitze.
2. Visualisieren Sie die Frage: Welche Ursachen im Bereich des »Menschen« führen zu dem Problem? (z. B.: »In über der Hälfte der Fälle liegt das Ergebnisprotokoll der vergangenen Teamsitzung nicht zu Beginn der nächsten Teamsitzung vor«).
3. Teilen Sie Karten zum Beschriften durch die TN aus. Wählen Sie für die Karten dezente Farbtöne (Signalfarben benötigen Sie später).
4. Geben Sie ca. 5–10 Minuten Zeit zum Beschriften der Karten.
5. Pinnen Sie die beschrifteten Karten an den Zweig »Mensch«.
6. Fragen Sie, welche Ursachen im Bereich »Maschine« zu dem Problem führen.
7. Teilen Sie dezentfarbige Karten zum Beschriften durch die TN aus.

8. Geben Sie ca. 5–10 Minuten Zeit zum Ausfüllen der Karten.
9. Pinnen Sie die beschrifteten Karten an den Zweig »Maschine«.
10. und so weiter: Nach genau dem gleichen Verfahren werden die Bereiche »Methode« und »Material« mit Karten bestückt.

Wichtig: Bis zu diesem Zeitpunkt sind keine Diskussionen oder Bewertungen zugelassen, da diese Arbeitsschritte noch zur Brainstorming-Phase gehören!

Bewertungsphase

Folgende Schrittfolge hat sich als effizient erwiesen:

1. Fragen Sie die Teilnehmenden, was die eigentliche Ursache des Problems im Bereich »Mensch« ist. Geben Sie den Hinweis: »Denken Sie bei Ihrer Bewertung daran, welche die *Ursache der Ursachen* im Bereich ›Mensch‹ ist, und schreiben Sie diese auf *eine einzige* Karte!«
2. Teilen Sie jetzt die signalfarbenen Karten aus und zwar nur eine einzige Karte pro Teilnehmer/-in.
3. Geben Sie ca. 5–10 Minuten Zeit zum Ausfüllen der Karten.
4. Pinnen Sie die beschrifteten Karten an den Zweig »Mensch«.
5.–15. Gleiches Schema wie oben beschrieben, bis alle vier Bereiche mit Karten der »eigentlichen Ursachen« bestückt sind.
16. Eröffnen Sie die Diskussion darüber, ob die Ursachen der Ursachen inhaltlich richtig visualisiert sind oder ob Korrekturen vorgenommen werden sollen.
17. Fragen Sie, welche der festgestellten eigentlichen Ursachen (aus den vier Bereichen) als Hauptursache gelten soll.
18. a) Kommt ein Konsens zustande, ist die Ursachenanalyse an dieser Stelle abgeschlossen.
    b) Kommt kein Konsens zustande, lassen Sie abstimmen, welche der eigentlichen Ursachen als Hauptursache gelten soll.

> **Grundsätzlich gilt:**
>
> Nehmen Sie immer zunächst so viele Informationen wie
> möglich unbewertet auf und systematisieren Sie diese, sofern
> nicht schon eine Systematik wie im Fischgrät-Modell vorge-
> geben ist, am besten mit der Kärtchenmethode.
> Lassen Sie in dieser Phase keinesfalls (Zwischen-)Diskussio-
> nen oder Bewertungen (z. B. Ausgrenzung von Karten oder
> Abwertung von Karteninhalten) zu!
> Nur wenn Sie die strikte Unterscheidung in Informations-
> sammlung oder -systematisierung und Informationsbewer-
> tung einhalten, kommen Sie ohne Zeitverzug und ohne Frus-
> trationen zum Ergebnis!

Pragmatische Zielformulierung

Als Moderator/-in besteht eine Ihrer Hauptaufgaben darin,
Gruppen darin zu unterstützen, Arbeitsziele zu formulieren. Um
die jeweiligen Ziele in die Arbeitsprozesse einzubinden, ist es nötig, diese Ziele in Teilziele zu zergliedern und entsprechende Ablaufpläne zu erstellen, in denen geregelt ist, wer mit wem bis
wann welches Teilziel zu erreichen hat.
Entsprechend dieser Anforderungen empfiehlt sich folgende
Vorgehensweise:

> Vorüberlegungen ⇒ Zielformulierung ⇒
> Zieluntergliederung ⇒ Ablaufplan

Vorüberlegungen
- *Entsprechen* die zu formulierenden Ziele den *eigentlichen
  Wünschen* der Zielgruppe, für die sie formuliert werden (z. B.
  Kunden, für die sie formuliert werden)?
- Ist es *möglich*, das zu formulierende Ziel *zu visualisieren*, mit
  einer positiven, plastischen Vorstellung zu durchdringen und
  so eine Anziehungskraft aufzubauen?

- Sind die zu formulierenden Ziele *widerspruchsfrei eingebunden in höher geordnete Ziele* (z. B. das Arbeitsziel einer Betriebseinheit/eines Arbeitsteams, in das höchste Unternehmensziel)?
- *Bestehen* nach der Formulierung *Zielkonflikte* mit anderen Zielen?
- Haben die zu formulierenden Ziele eine *realistische Aussicht auf Verwirklichung* (sind die Bedingungen und die notwendigen Mittel zur Erreichung des Ziels grundsätzlich klar)?

Zielformulierung

Das formulierte Ziel muss folgende Merkmale aufweisen, damit es tatsächlich verwirklicht werden kann:

Ein Ziel ist . . .

– **konkret, eindeutig und präzise.**
»Ich möchte nächstes Jahr ein Projekt gründen«, ist eine Absichtserklärung und stellt einen unkonkreten Wunsch dar, konkrete Handlungsabfolgen sind daraus nicht abzuleiten. Das Ziel »Ich werde am 1.1.2004 das Projekt ›Betreuungsangebote nach dem Pflegeversicherungsgesetz‹ gegründet haben«, ist hingegen über konkrete Handlungsabfolgen prinzipiell zu verwirklichen.

– **realistisch.**
Es widerspricht nicht prinzipiell den Bedingungen, unter denen es verwirklicht werden soll (z. B. Gesetzen) und es ist möglich, die Mittel zur Erreichung des Ziels bereitzustellen (z. B. Startkapital bei Unternehmensgründungen). Dabei ist zu bedenken, dass auch momentan nicht vorhandene Mittel über eine vorgeschaltete Zielsetzung zum Erlangen dieser Mittel bereitgestellt werden könnten.

– **als Ergebnis formuliert.**
Um eine deutliche Abgrenzung von den mit der Zielverwirklichung einhergehenden Aufgaben herzustellen, ist das Ziel im Perfekt (z. B. Bleistifte sind eingekauft) oder im Partizip 2 (eingekaufte Bleistifte) zu formulieren. Die Aufgaben werden im Präsens (Bleistifte einkaufen) formuliert. Damit soll verhindert werden, dass man ständig Aufgaben bearbeitet, ohne ans Ziel zu gelangen.

- **in Teilziele untergliedert.**
  Um ein Hauptziel tatsächlich zu erreichen, ist es sowohl organisatorisch als auch psychologisch notwendig, sinnvolle Teilziele zu setzen. Dadurch wird ein Ziel in überschaubare und zeitlich einzuordnende Aufgabenfelder untergliedert. Es wird möglich zu überprüfen, ob der Zeitrahmen eingehalten wurde. Darüber hinaus hat man frühzeitige Möglichkeiten zur (Fehler-) Analyse des bisherigen Prozesses und Korrekturmöglichkeiten.
- **an eine Frist und an (Hürden-)Termine gebunden.**
  Man unterscheidet zwischen *Frist* als letzten Zeitpunkt, an dem das Ziel erreicht sein soll (Deadline), *Hürdentermine* als wichtige Termine, an denen überprüft wird, ob bestimmte Teilziele erreicht worden sind; Hürdentermine sind von besonderer Bedeutung bei der Überprüfung im Team, inwieweit sich das Abarbeiten eines Maßnahmenplans noch in der angedachten Zeit befindet (Soll-Ist-Abgleich über Fachcontrolling).
- **schriftlich fixiert.**
  (Teil-)Ziele sollen schwarz auf weiß festgehalten werden. Hierfür bieten sich insbesondere Formulare an, in denen sich das Hauptziel und die zeitlich vorgeschalteten Teilziele übersichtlich darstellen lassen; auf Felder zur Terminierung ist zu achten.

Empfehlung zu Zieldefinitionen

Lassen Sie das Ziel definieren, indem Sie alle TN per Visualisierung gleichermaßen beteiligen; gehen Sie dabei folgendermaßen vor:

1. Schritt:
Vermitteln Sie dem Team die Kriterien tragender Zieldefinitionen wie oben beschrieben.

2. Schritt:
Fordern Sie die Teilnehmenden auf, einen konkreten Vorschlag

zur Zieldefinition dergestalt zu machen, dass jede/r den eigenen Vorschlag an die Pinnwand schreibt, so dass der Satz für alle gut lesbar ist.

3. Schritt:
Wenn von allen Teilnehmenden je ein Vorschlag an der Pinnwand steht, unterstreichen Sie zusammen mit dem Team diejenigen Formulierungen mit grünem Filzstift, die den Kriterien der Zieldefinition entsprechen.

4. Schritt:
Formulieren Sie mit dem Team aus den unterstrichenen Textbausteinen ein einziges gemeinsames Ziel.

5. Schritt:
Lassen Sie das Team das gemeinsame Ziel dahingehend überprüfen, ob alle wichtigen Inhalte erfasst sind (Vollständigkeit) und vor allem, ob es konkret genug formuliert ist. Fordern Sie die Runde auf, zielbezogen Offene Fragen zu stellen.
Lassen sich die Fragen: Bis wann ist das Ziel zu erreichen? Wer ist an der Zielerreichung beteiligt? Wo findet die Zielerreichung statt? Was konkret soll erreicht werden? beantworten, ist das Ziel ausreichend konkretisiert. Falls die eine oder andere Frage unbeantwortet bleibt, muss nachgearbeitet werden.

Zieluntergliederung

Um ein Ziel in Teilziele zu untergliedern, ist folgende Vorgehensweise nützlich:

1. Brainstorming
Vollständige Sammlung von Aufgaben, die zur Erreichung des Hauptziels erledigt werden müssen.

2. Semantische Organisation/Clustern
Ordnen der Aufgaben zu Aufgabenfeldern; Aufgaben, die zusammengehören, werden unter einen Überbegriff subsumiert.

3. Konkretisierung der Überbegriffe zu Teilzielen

Die oft noch abstrakten Überbegriffe der Aufgabenfelder werden nach den genannten Zieldefinitionskriterien zu erreichbaren Teilzielen umformuliert.

Ablaufplanung

Ordnen der Teilziele in einen zeitlichen Ablauf

Von der Fristsetzung für die Erreichung des Hauptziels bis zum vom gegenwärtigen Zeitpunkt aus gedachten nächstliegenden Teilziel werden die Teilziele in einen logischen Ablauf gebracht. Dabei empfiehlt es sich, die Zeitpunkte zur Erreichung der Teilziele als Hürdentermine anzusehen. Scheitert man an einem Hürdentermin, hat man immer noch frühzeitig die Möglichkeit zur Fehleranalyse und zur Korrektur (etwa zeitliche Streckung, Hinzunahme weiterer Teilziele oder Reformulierung des Hauptziels).

Endgültige schriftliche Fixierung als überschaubare Ablaufplanung

Hierzu können Sie den im Abschnitt »Visualisierungstechniken« (S. 130 ff.) dargestellten Maßnahmenplan oder eines der Formulare »Arbeitsablauforganisation« oder »Ziel-Mittel-Planung« im Anhang verwenden.

Empfehlung zu Zieluntergliederung und Ablaufplanung

Siehe dazu im Abschnitt »Moderation von Qualitätszirkeln« unter »Operante Zielzergliederung« (S. 149).

Ziel-Mittel-Diskussion

Eine Ziel-Mittel-Diskussion sollte im Team immer erst dann geführt werden, wenn Ist-Zustand, Ursachenanalyse und Zieldefinition systematisch zu einem Ergebnis gebracht worden sind.

Zunächst ist ein visualisierter Maßnahmenplan zu erstellen, in dem das strategische Ziel (Was soll erreicht werden?) und die operanten Teilziele (Wie soll das strategische Ziel erreicht werden?) definiert sowie die Personen den Zielen zugeordnet sind.

Auf der Grundlage dieses Maßnahmenplans kann nun die Ziel-Mittel-Diskussion erfolgen und zwar nach folgender Systematik der praktischen Handlungsempfehlung, die dem bewährten Sammeln-Ordnen-Bewerten-Verfahren (S-O-B-Verfahren) folgt.

Empfehlung zur Ziel-Mittel-Diskussion

1. Schritt:
Stellen Sie den visualisierten Maßnahmenplan gut sichtbar für alle Teilnehmenden auf und visualisieren Sie an einer Pinnwand die Frage: Welche Arbeitsmittel benötigen wir, um unser erstes operantes Ziel zu erreichen?

2. Schritt:
Teilen Sie an die Teilnehmenden Präsentationskärtchen aus, um die Frage beantworten zu lassen (Sammlungsphase).

3. Schritt:
Pinnen Sie die Kärtchen an die Pinnwand und lassen Sie die Aussagen von den jeweiligen TN erläutern. Achten Sie bitte dabei darauf, dass noch nicht die Inhalte der Kärtchen diskutiert werden, da Sie sich weiterhin in der Sammlungsphase befinden.

4. Schritt:
Ordnen Sie die Kärtchen zu Clustern, damit Sie einen Überblick gewinnen, welche Arbeitsmittel besonders und welche weniger benötigt werden.

5. Schritt:
Es folgt die Frage, welche der genannten Arbeitsmittel noch beschafft werden müssen. Pinnen Sie die entsprechenden Kärtchen

auf eine gesonderte freie Fläche und versehen Sie sie mit der Überschrift »zu beschaffende Arbeitsmaterialien«.

6. Schritt:
Lassen Sie zur Beschaffung der Mittel diejenigen TN, die sich für die Zielerreichung des ersten operanten Ziels verantwortlich erklärt haben, konkrete Arbeitsziele definieren; achten Sie auch hier auf eine tragfähige Zieldefinition (konkret, eindeutig, präzise usw.).

7. Schritt:
Diskutieren Sie nun die definierten Ziele zur Mittelbeschaffung, indem Sie erörtern, welche organisatorische, finanzielle oder personelle Unterstützung die Zielverantwortlichen benötigen, und sichern Sie die Ergebnisse visualisiert (Bewertungsphase).

8. und weitere Schritte:
Arbeiten Sie die weiteren operanten Ziele nach der benannten Schrittfolge vollständig ab.

Ergebnissicherung

Die Arbeitsergebnisse müssen nunmehr schriftlich gesichert werden. Hierfür steht Ihnen klassischerweise das schriftliche Ergebnisprotokoll zur Verfügung. Das regelmäßige Erstellen und Verlesen der Protokolle in den Teamsitzungen gewährleistet
– die systematische Kontinuität der Arbeit,
– die Dokumentation des Erreichten und ist daher wichtiges Moment für die motivierende Anerkennung der eigenen Arbeit,
– über die Dokumentation die Grundlage für Qualitätssicherungsmaßnahmen mittels Selbst- oder Fremdkontrolle,
– die definitive Zuschreibung von Verantwortlichkeiten (Wer wollte welche Aufgabe mit wem bis wann erledigt haben?).

Ergebnisprotokolle sind im Gegensatz zu Verlaufsprotokollen leicht zu erstellen, da lediglich die zu den einzelnen TOP erzielten

Ergebnisse in wenigen Sätzen festgehalten werden und die Protokollanten auf die Schilderung des Entstehens der Ergebnisse weitestgehend verzichten.

Als weitere Protokollform wird – meist als Anlage zum Ergebnisprotokoll – das *Photoprotokoll* eingesetzt. Mit ihm werden visualisierte Ergebnisse, insbesondere Meta-Pläne oder Fischgrät-Modelle durch fotografische Abbildungen festgehalten.

Bei Photoprotokollen ist auf Folgendes zu achten, will man eine ausreichende Qualität der Bilder erzielen:

- Verwenden Sie nur digitale Kameras oder Spiegelreflexkameras oder aber spezielle Photoprotokoll-Kameras. Sofortbildkameras erzielen keine ausreichende Qualität.
- Stellen Sie die abzulichtenden Flächen in helles Licht oder benutzen Sie das Blitzlicht der Kamera.
- Undeutlich oder zu klein beschriftete Kärtchen oder Flächen bessern Sie vorher aus.

Es empfiehlt sich darüber hinaus, die Ergebnisse auf den visualisierten Flächen zu sichern, indem man die zunächst mit Nadeln gepinnten Kärtchen dauerhaft auf das Pinnwand-Papier aufklebt und die Papierrolle aufbewahrt. Auch Flipchart-Papier sollte bis zur Wiedervorlage aufbewahrt werden.

Psychologische Kompetenzen

Neben der Kompetenz, systematisch eine Aufgabenorientierung der Teams zu fördern, gilt es, als Moderatorin oder Moderator psychologisches Fingerspitzengefühl zu haben. Dieses Fingerspitzengefühl kann durchaus erlernt oder verfeinert werden.

Die folgenden Techniken und Herangehensweisen innerhalb der Beziehungsprozesse eines Teams zielen ab auf:
- eine entspannte Arbeitsatmosphäre,
- ein klares, gegenseitiges Verständnis auf der Grundlage gegenseitigen Respekts,
- eine erhöhte Arbeitsmotivation durch das Eingehen auf die Interessen der Teammitglieder,
- die Lösung von Konflikten sowohl auf betrieblich-struktureller als auch auf zwischenmenschlicher Ebene.

Aktives Zuhören

Nur wer als Moderator oder Moderatorin die Fähigkeit des Aktiven Zuhörens im Sinne ungeteilter Aufmerksamkeit weitestgehend entwickelt hat, wird den mannigfaltigen Moderationsaufgaben gerecht werden können.

Es darf gesagt werden, dass das Aktive Zuhören die unabdingbare Voraussetzung jeder Moderation ist. Man denke nur an die zu liefernden regelmäßigen Zusammenfassungen oder die Anwendung des »Kontrollierten Dialogs« (s. S. 92 ff.) und welche Schwierigkeiten übermäßig falsch aufgenommene und wiedergegebene Inhalte mit sich bringen würden.

Nicht zu vergessen ist auch die Akzeptanz der Moderation, die sich daran messen lässt, wie gut sich die TN in ihren individuellen Anliegen verstanden fühlt.

Wie kann in diesem Zusammenhang Aktives Zuhören auf Moderatorenseite als auch auf Seiten des Teams gefördert werden?

Zunächst ist es wichtig, in jedes Gespräch oder jede Teamsitzung mit dem Willen zu gehen, Neues zu erfahren. Aktives Zuhören zeichnet sich dadurch aus, den anderen vollständig verstehen zu wollen. Es unterscheidet sich vom passiven Zuhören, bei dem man sich lediglich vom Reden des Anderen berieseln lässt, nicht richtig am Inhalt interessiert und oft mit den Gedanken ganz woanders ist, ähnlich wie beim Hören von Musiksendungen beim Zeitunglesen.

Man kann das Aktive Zuhören verbessern oder perfektionieren, wenn man die folgenden Punkte beachtet.

Blickkontakt

Man sollte zum Sprechenden durchgehend Blickkontakt halten. Indem man dem Gegenüber in die Augen blickt, wird das Gesagte lebendiger und persönlicher, und man wird kaum noch durch äußere Störungen abgelenkt. Darüber hinaus lässt sich über Blickkontakt leichter erkennen, wann sich das Gegenüber einer Sprechpause nähert; man kann dann in diese Pause reibungslos Zwischenfragen einschalten, das Wort dem Nächsten erteilen, das Gesagte zusammenfassen oder sich Notizen machen.

Der direkte und dauernde Blickkontakt ist für die meisten Zuhörer/-innen nicht so einfach zu bewerkstelligen, da es oft schwer fällt, einer relativ unvertrauten Person in die Augen zu blicken. Sollte man unwillkürlich den Blicken ausweichen, so empfiehlt es sich, zumindest weiterhin die Person anzuschauen und ihre Gesten wahrzunehmen; diese unterstreichen ihre Aussagen, was die Informationsaufnahme sehr erleichtert.

Eine besondere Schwierigkeit stellt auch der *Blick in die Runde* dar, insbesondere wenn einem die TN noch weitestgehend unbekannt sind (bei externer Moderation). Gerade bei einer unbekannten Runde sind die Unsicherheiten der Moderatorin oder des Moderators noch am größten.

In diesem Fall stellt man zunächst den Blickkontakt mit einem/r freundlich blickenden TN her, um dann den Blick über die ganze Runde schweifen zu lassen. Damit stellt man sicher, dass sich alle angesprochen fühlen und stellt gleichzeitig peu à peu Blickkontakte mit allen TN her.

Durchgängiges Zuhören

Nur wer konstant zuhört, kann sicher sein, das Gesagte verstanden zu haben. Ist man unaufmerksam, kann es passieren, dass Wahrnehmungslücken entstehen, die das Gesagte in einem anderen Licht erscheinen lassen als die Aussage gemeint war und es so zu falschen Eindrücken kommt. Darüber hinaus verliert man in solchen Situationen oft den Faden der Ausführungen.

Man sollte sich auch bewusst sein, dass es eine allgemeine Neigung gibt, nur das hören zu wollen, was zur eigenen Meinung passt. Die Psychologie nennt dieses Phänomen *selektive Wahrnehmung*, um eine *kognitive Dissonanz* auszugleichen oder ganz zu vermeiden.

Wer also nur das aufmerksam aufnimmt, was ihm vertraut ist, der lernt kaum. Man sollte sich daher gerade dann immer wieder zum Aktiven Zuhören bringen, wenn es schwer fällt.

Ist jedoch einmal eine Lücke entstanden, so sollte man diese durch *Nachfragen* schließen.

Hineindenken

Man sollte sich in die Gedankengänge des Sprechenden so hineinversetzen als ob es die eigenen wären. Es wird einem dann eine Aussage logisch erscheinen, wenn sie genauso aus der vorherigen abgeleitet wurde, wie man sie auch selbst abgeleitet hätte. Wird dieser Gleichklang der Aussagenführung mit dem eigenen Verständnis gestört, ist deutlich, dass es Erklärungsbedarf gibt. Man wird dann die entsprechenden Inhalte über Fragen oder Kritik mit dem eigenen Verständnis wieder in Gleichklang bringen können – und hat dadurch die Ausführungen oder das zugrunde liegende Problem besser verstanden.

Kommen so gut wie keine Abweichungen zwischen den Ausführungen und dem eigenen Verständnis vor, so kann man in kurzen Phasen – ohne vom eigentlichen Thema abzuschweifen – Querverbindungen zu bereits Gesagtem herstellen, wichtige Inhalte visualisieren, sich weiterführende Fragen oder Kommentare überlegen.

Verständnisfragen und kritische Fragen

Wer keine Fragen stellen kann, hört auch nicht aktiv zu. Fragen sind dann am sinnvollsten, wenn sie
– **präzise gestellt sind.**

Je allgemeiner die Nachfrage zu Ausführungen (»Denken Sie, dass unsere Arbeitsziele nicht erreichbar seien?«), um so allgemeiner die Antworten, was für den Fragenden bedeutet, dass er keine genaue Antwort bekommt und seine Wissenslücke bleibt. Ist die Frage hingegen präzise gestellt, das heißt konkret auf den Punkt gebracht, so kann die aktuelle Wissenslücke genau geschlossen werden (»Denken Sie daher, dass unser Arbeitsziel, die Planung '04 bis zum 15.12.03 abgeschlossen zu haben, nicht zu erreichen ist?«).

– **bisheriges Wissen enthalten.**

Wenn man bisheriges Wissen in die Frage einfließen lässt, kann man überprüfen, ob dieses vermeintliche Wissen von den anderen Gesprächsteilnehmern geteilt und für weitergehende Reflexionen genutzt werden kann.

– **kritisch formuliert sind.**

Eine kritische Frage nimmt die Ausführungen des/der Anderen auf und zielt genau auf den Punkt, an dem verschiedene Aussagen einander widersprechen oder die Ausführungen im Widerspruch zum eigenen Wissen stehen, was darauf hindeutet, dass die Ursache für Verständnisschwierigkeiten inhaltlich begründet und nicht dem eigenen Unvermögen zuzurechnen ist.

Der Moderator oder die Moderatorin sollte bei kritischen Fragen darauf achten, dass diese nicht als *Gegenargument* oder gar als *verbaler Angriff* aufgefasst werden. Denn dann wäre seine/ihre neutrale Rolle gefährdet und würde leicht in eine subjektive abgleiten.

Drücken Sie daher bei kritischen Fragen zugleich auch aus, dass Sie das für Sie Widersprüchliche voll und ganz akzeptieren, jedoch den Widerspruch konstruktiv hinterfragen möchten.

Fragetechniken

Eng verbunden mit richtigem Aktivem Zuhören ist das Verwenden der passenden Frageart zum richtigen Zeitpunkt. Wer es versteht, die richtige Frageart für die richtige Situation anzuwenden, nimmt großen Einfluss auf den Diskussions- oder Sitzungsverlauf. Dies bedeutet auch, dass das Lenken von Argumentationsrunden durch adäquate Fragen erleichtert wird.

Sie erreichen durch richtiges Fragen

• eine Aktivierung der Teilnehmenden,
• einen quantitativen Informationsgewinn (Breiteninformation),
• einen qualitativen Informationsgewinn (Tiefeninformation),
• eine Rückführung zum eigentlichen Thema,
• eine Hinführung zu Entscheidungen.

Darüber hinaus haben Fragen gegenüber Behauptungen den Vorteil, dass sie die Gesprächspartner/-innen miteinander verbinden, wohingegen Behauptungen eher eine Abgrenzung von anderen ausdrücken.

Offene Fragen

Offene Fragen beginnen mit einem Fragewort (wer, wie, was, warum etc.) und zielen hauptsächlich darauf ab, möglichst informative und genaue Antworten zu erlangen. Sie heißen »offen«, weil sie alle Antwortmöglichkeiten offen lassen.

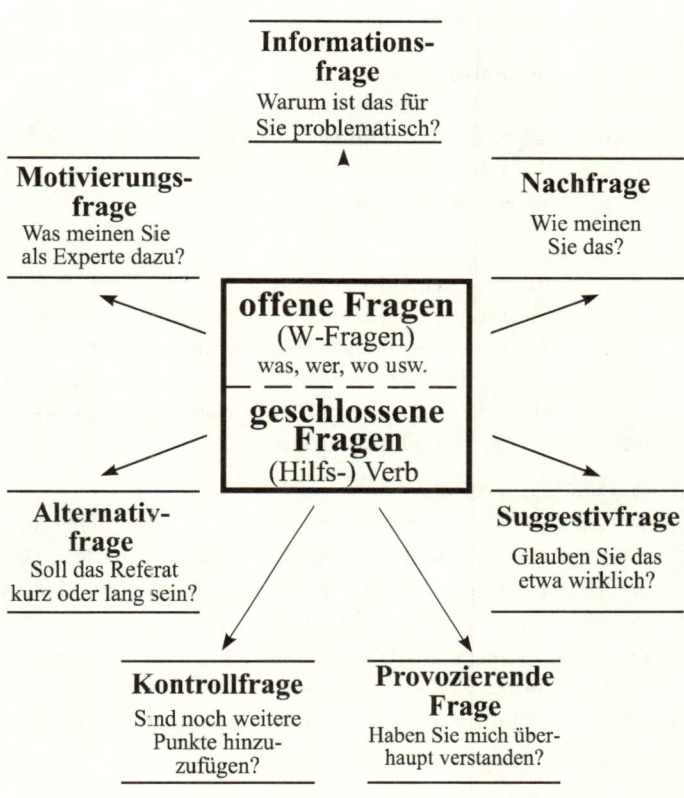

Abbildung 8: Offene und geschlossene Fragen nach Fragetypen

Offene Fragen bieten sich insbesondere in folgenden Gesprächs-
phasen an:
– Zur *Eröffnung der inhaltlichen Auseinandersetzung* mit einem
 Thema, da dadurch eine breite Informationsgewinnung gewährleistet ist.
– *Wenn eine Diskussion ins Stocken geraten ist,* bleiben einander
 widersprechende Positionen der Teilnehmenden deshalb un-
 versöhnlich, weil beiden Seiten Informationen fehlen, die dazu
 dienen könnten, die eigene oder fremde Position zu relativie-
 ren. Argumentative »Grabenkämpfe« können so mit einem
 Plus an Informationen aufgelöst werden.

Bei Offenen Fragen wird unterschieden zwischen:

- **Die Informationsfrage**
  ist die direkteste Art, um Informationen zu erlangen. Darüber hinaus werden die Teilnehmenden motiviert, da sie das berechtigte Gefühl haben, die Moderatorin oder der Moderator begegnet ihnen vorbehaltlos.

- **Die Nachfrage**
  dient dazu, unzureichend verstandene Fragen oder Informationen noch einmal zu wiederholen oder genauer zu erläutern. Eine Nachfrage ist besonders wichtig, wenn Fakten später bewertet werden sollen, da bei Interpretationen die Gefahr des Missverstehens besonders groß ist. Die Nachfrage dient somit immer auch der Konfliktprophylaxe und der Konfliktlösung.

- **Die Motivationsfrage**
  soll dazu dienen, jemanden anzuregen, sich weitergehend zu öffnen und damit zusätzliche und genaue Informationen zu liefern. Die Motivationsfrage ist meistens mit einem kleinen Lob oder einer Anerkennung des/der Befragten verbunden und schafft eine positive Atmosphäre.
  Auch legitimiert sie die direkte Befragung; der oder die Angesprochene fühlt sich nicht so leicht wie durch direkte Befragung vorgeführt.

Geschlossene Fragen

Sie beginnen mit einem Verb oder Hilfsverb und rufen eine kurze Antwort, die Bestätigung oder Verneinung einer Annahme hervor (ja, nein, vielleicht, weiß nicht usw.). Sie heißen »geschlossen«, weil sie auf einer vorherigen Annahme gründen und zu dieser Annahme weitere Informationen erlangen wollen; ihre Antwortmöglichkeiten sind somit eingeschränkt.

Geschlossene Fragen dienen insbesondere der *Herbeiführung von Entscheidungen, der Sicherstellung eines kontrollierten Sitzungsablaufs und der Emotionalisierung des Gesprächs.*

Bei Geschlossenen Fragen wird unterschieden zwischen:

- **Die Alternativfrage**
  lässt dem Befragten die Wahl zwischen zwei positiven Möglichkeiten. Sie dient der knappen Informationsbeschaffung, wenn man schon weiß, dass entweder die eine oder andere Möglichkeit verwirklicht werden soll. Sie kann effektiv eingesetzt werden, wenn es in Diskussionen darum geht, den Diskussionsprozess zur Entscheidung zu führen. Dabei ist jedoch immer darauf zu achten, dass nicht bloße Scheinalternativen angeboten werden, also Positionen zur Wahl gestellt werden, die gar nicht im Sinne der Betroffenen sind.

- **Die Kontrollfrage**
  ist eines der wichtigsten Hilfsmittel in der Moderation. Durch regelmäßiges Stellen von Kontrollfragen (Spreche ich laut genug? Haben Sie hierzu noch Fragen? Können wir diesen Tagesordnungspunkt jetzt abschließen?) stellen Sie sicher, dass alle TN auf dem gleichen Stand sind und der Gesprächsprozess alle einschließt.
  Zugleich erhöhen regelmäßige Kontrollfragen die Motivation der TN: Indem sie immer wieder zum angemessenen Fortgang des Geschehens befragt werden, fühlen sie sich zu Recht als Mitgestaltende des Prozesses und nicht als bloße Objekte eines Vorganges.

- **Die Suggestivfrage**
  dient dem Versuch, die Gesprächspartner/-innen so zu beeinflussen, dass sie sich der Meinung des Fragenden anschließen. Es wird dem Befragten dadurch die gewünschte Antwort in den Mund gelegt, indem mit moralisch tadelndem Unterton eine Antwortmöglichkeit abgewertet wird, etwa: Können Sie dies oder das wirklich mit Ihrem Gewissen vereinbaren? Oder es wird die gewünschte Antwortmöglichkeit mit einem positiven Zusatz aufgewertet: Sind Sie nicht wie alle anderen auch der Meinung, dass ...
  Die Suggestivfrage sollte von der Moderation bewusst *vermieden werden*, da sie leicht emotionalisiert und meist eine manipulative Wirkung hat.
  Ähnlich verhält es sich mit »Rhetorischen Fragen«, die eigentlich keine Fragen sind, sondern in Frageform gekleidete Aus-

sagen (Willst du etwa wirklich heute Abend ins Theater? Gemeint ist: Ich will nicht und du solltest es auch nicht wollen!).
Auch diese Fragen sind aufgrund ihres manipulativen Charakters *zu vermeiden*.

- **Die provozierende Frage**
  sollte auch vermieden werden, da sie eine gereizte Atmosphäre schafft. Sie ist die negative Form der Motivationsfrage und soll das Gegenüber herausfordern, weitere Informationen zu geben, oft um dadurch argumentativ eine größere Angriffsfläche zu erlangen.

Kontrollierter Dialog

Ein ausgesprochen bewährtes Mittel zur Optimierung des Aktiven Zuhörens ist der »Kontrollierte Dialog«, eine Kommunikationstechnik, die insbesondere in der klientenzentrierten Gesprächsführung nach Carl Rogers angewandt wird (vgl. Weinberger 1996, S. 56 f.) und in den verschiedensten Kommunikationssituationen Anwendung findet.

Durch den Kontrollierten Dialog erlangen Sie die Möglichkeit,

- eine/n emotionalisierte/n Teilnehmer/-in zu beruhigen,
- die wichtigsten Informationen eines Gesprächs oder einer Sitzung schon während des Gespräches oder der Diskussion zu sichern,
- Ihre positive Autorität zu stärken, indem Sie nicht nur sagen, Sie verstünden, sondern dem Gegenüber den Beweis antreten, dass Sie richtig verstanden haben und dass Sie fähig und willens sind, den eigenen Beitrag auf der Grundlage des Verständnisses des Gegenübers aufzubauen.

Der Kontrollierte Dialog entfaltet seine positive Wirkung dadurch, dass Sie erst Ihre eigene Meinung vortragen, nachdem Sie die Ihres Gegenübers inhaltlich wiedergegeben (paraphrasiert) haben und Ihr Gegenüber die Richtigkeit bestätigt hat oder Ihre Paraphrase korrigiert hat.

Schema des Kontrollierten Dialogs

- A erläutert seinen Standpunkt,
- Sie hören zu und wiederholen das Gehörte mit eigenen Worten (»Sie sagen, dass . . .« oder: »Wenn ich Sie richtig verstehe, meinen Sie Folgendes . . .«)
- A gibt Feedback (Nicken/Kopfschütteln, »Ja/Nein, ich meinte . . .«, o. Ä.), ob Sie alles richtig verstanden haben. Wenn nein, dann erläutert A nochmals und Sie paraphrasieren erneut, A gibt wieder Feedback.
- Wenn A mit der Paraphrasierung einverstanden ist, dann bringen Sie Ihre eigene Meinung vor.

Wichtig während des Kontrollierten Dialogs ist, dass Ihr Gegenüber das Gefühl hat, Sie möchten ihn tatsächlich verstehen und nicht »vorführen«. Damit Ihr Gegenüber nicht den Eindruck erlangt, Sie selbst wollten festlegen, was er oder sie gerade gesagt hat, ist es hilfreich, am Ende der Paraphrasierung den Tonfall wie bei einer Frage ansteigen zu lassen.

Achten Sie jedoch darauf, dass Sie die Paraphrasierung trotz des fragenden Tonfalls *nicht mit einer klassischen Frage verwechseln* (nicht mit Fragepronomen oder Verb/Hilfsverb beginnen, sondern die Hauptsatz- oder Nebensatzstruktur beibehalten).

Sie können den Kontrollierten Dialog nicht nur im Zweiergespräch anwenden, sondern auch als Technik der Gesprächssteuerung im Team, dabei ist folgendes Vorgehen zu empfehlen:

Bevor Sie das Wort nach einem Redebeitrag weitergeben, paraphrasieren Sie das Gesagte und lassen sich über Feedback bestätigen, dass Sie richtig verstanden haben oder lassen Ihre Paraphrase korrigieren. Erst dann geben Sie das Wort weiter und verfahren bei den nächsten Redebeiträgen ebenso.

Sie können den Kontrollierten Dialog auch selektiv bei zentralen oder schwer verständlichen Beiträgen anwenden; achten Sie aber in diesem Fall darauf, dass sich dabei nicht einige Sitzungsmitglieder zurückgesetzt fühlen, wenn Sie deren Beiträge nicht auch durch den Kontrollierten Dialog würdigen.

Sehr effektiv und effizient ist auch die Kombination des fortlaufenden Paraphrasierens mit der Sicherung des Gesagten auf Kärtchen, die Sie dann als Zusammenfassung an die Pinnwand bringen.

Insbesondere diese Kombination bewirkt, dass die TN destruktiven Streit vermeiden können, und zwar aus folgenden Gründen:

1. Die TN sehen ihre Beiträge durch Paraphrasierung und visuelle Sicherung gewürdigt.
2. Der Diskussionsprozess verlangsamt sich, da Sie als Moderator/-in zwischen jedem Redebeitrag die Paraphrase einschalten; diese Verlangsamung verhindert somit eine Chaotisierung der Diskussion oder einen Schlagabtausch zwischen zwei Streitenden.
3. Die Diskussion entwickelt sich auf gesicherter Datenlage und nicht aufgrund missverstandener Aussagen.

Empfehlungen zum Kontrollierten Dialog in Sitzungen

Der Kontrollierte Dialog in Sitzungen wird durch die folgende Handlungssystematik besonders wirkungsvoll.

1. Schritt:
Legen Sie sich Präsentationskärtchen in drei Farben zurecht (je eine Farbe für »Pro«, »Kontra« und »Gemeinsamkeiten«), positionieren Sie eine Pinnwand neben sich und unterteilen Sie diese in je drei entsprechende Felder.

2. Schritt:
Bevor Sie die Diskussion eröffnen, teilen Sie den Teammitgliedern mit, dass Sie vorhaben, alle Argumente zu sichern und dazu die Beiträge stichwortartig auf Kärtchen festhalten wollen.

3. Schritt:
Eröffnen Sie die Diskussion, indem Sie die zuvor visualisierte Frage an die Runde stellen.

4. Schritt:
Paraphrasieren Sie im Sinne des Kontrollierten Dialogs alle Beiträge und nennen Sie das Stichwort, unter dem Sie den Beitrag sichern wollen; holen Sie über Feedback das Einverständnis des betreffenden Teammitglieds ein.

5. Schritt:
Schreiben Sie die Argumente auf die dafür vorgesehenen farbigen Kärtchen.

6. Schritt:
Ordnen Sie die Kärtchen und pinnen Sie sie zur Zusammenfassung an die Pinnwand; Sie können die Kärtchen auch an die Pinnwand bringen, sobald Sie ein Stichwort notiert haben.

Motivation und motivieren

»*Management ist nichts anderes als die Kunst, andere Menschen zu motivieren*« (Lee Iacocca, amerikanischer Spitzenmanager, zitiert in Richter 1994, S. 159).

Was für die Gesamtsteuerung eines Unternehmens gilt, gilt in besonderem Maß für die personenbezogene Steuerung von konkreten Arbeitsprozessen – einem der wichtigsten Felder der Moderation.

Während unter *Motivation* die im Individuum angelegte Disposition zur Leistung verstanden wird, bezeichnet *motivieren* den Prozess, in dem Leistungsbereitschaft aktiviert wird (Richter 1994). Von dieser Definition ausgehend hat die Moderation zunächst zwei Aufgaben:

1. Herausarbeiten der Interessen und Bedürfnisse der am Arbeitsprozess Beteiligten.
2. Aufbauend auf diesen jeweiligen Interessenlagen die Leistungsbereitschaft zu aktivieren und aufrechtzuerhalten.

Herausarbeiten der Interessen und Bedürfnisse der Beteiligten

Abraham H. Maslows Motivationstheorie geht von einer Bedürfnishierarchie aus, um die Vielheit der unterschiedlichen Bedürfnis- und Interessenlagen von Menschen zu konkretisieren, voneinander abzugrenzen und somit eine positive Verknüpfung von Arbeit und Eigeninteresse der Arbeitenden herzustellen (Maslow 1981).

96

Erst diese systematische Aufnahme bietet die Grundlage, über Arbeit Bedürfnisbefriedigung in Aussicht zu stellen und so zu guter Arbeitsleistung zu motivieren.

Maslows Bedürfnishierarchie

Maslow teilt die Bedürfnisse des Menschen in sechs Bedürfnisgruppen. Als mächtigste sieht Maslow die *physiologischen Bedürfnisse*. Der Mensch muss seine Bedürfnisse nach Nahrungsaufnahme, Schlaf und Sauerstoffaufnahme unbedingt befriedigen, um seine Existenz zu sichern.

Die *Sicherheitsbedürfnisse* stellen ein Bedürfnisensemble dar, die konkreten Bedürfnisse wie Sicherheit, Stabilität, Schutz, Angstfreiheit, Struktur und Schutzkraft beinhaltet. Sicherheit verlangt der Mensch nicht allein hinsichtlich seiner körperlichen Unversehrtheit; vielmehr auch hinsichtlich seiner psychischen Unversehrtheit. Daher sollte – so die Ableitung aus Maslows Erkenntnis – die Moderatorin oder der Moderator ein besonderes Augenmerk auf ein respektvolles Miteinander in der Zusammenarbeit richten.

Die *Bedürfnisse nach Zugehörigkeit und Liebe* drehen sich um Gruppen- oder Familienzugehörigkeit, um liebevolle Beziehungen mit den Mitmenschen, Freunden und Partner/-innen. Dabei sind über die rationale Dimension hinaus seelisch-emotionale Bedürfnisse angesprochen.

Die Bedürfnisse nach Achtung, insbesondere *Leistungs- und Anerkennungsbedürfnisse*, teilt Maslow in zwei Untergruppen ein: Die erste setzt sich zusammen aus Bedürfnissen nach Stärke, Leistung, Bewältigung und Kompetenz, Vertrauen angesichts der übrigen Welt und Unabhängigkeit und Freiheit. Die zweite besteht aus dem Bedürfnis nach einem gutem Ruf oder Prestige, nach Status, Ruhm, Dominanz, Anerkennung, Aufmerksamkeit, Bedeutung, Würde oder Wertschätzung.

In Moderationsprozessen sollten diese Bedürfnisse derart bedacht werden, dass zum einen Arbeitsleistung erbracht werden kann (Vermeiden von Unterforderung), diese Leistung personenspezifisch zugeordnet werden kann und es Systeme der Anerkennung im Arbeitsprozess gibt.

Abbildung 9: Die verschiedenen Bedürfnisfelder nach Maslow (1981)

Die *Bedürfnisse nach Selbstverwirklichung* beschreibt Maslow mit: »Was ein Mensch sein kann, muß er sein.« Als humanistischer Psychologe geht er davon aus, dass der Mensch bestrebt ist, seine jeweilige Veranlagung zu verwirklichen, um sich so zu vervollkommnen: Ein musisch veranlagter Mensch dürfte sich in Richtung Kunst entwickeln, ein mathematisch veranlagter Mensch vielleicht einen Beruf als Finanzwirt oder Buchhalter wählen wollen.

Das *Bedürfnis nach Transzendenz* sieht Maslow als die höchste Stufe des Zu-sich-selbst-Kommens an. Gemeint ist das Bedürfnis, über sich selbst hinauszugelangen und einzugehen in eine höhere Welt des Kosmischen und des Göttlichen.

Wenngleich Maslows Grundannahme einer *hierarchischen* Organisation von Bedürfnissen empirisch nicht bestätigt werden konnte, bringt seine Theorie doch einige wichtige Erkenntnisse hinsichtlich der Motivationsmöglichkeiten bei moderierten Arbeitsprozessen.

Maslows Modell impliziert, dass
– Bedürfnisse des Menschen nicht ein undurchdringliches Konglomerat darstellen, sondern differenzierbar sind und miteinander in Beziehung stehen.

– Menschen zu bestimmtem Handeln motiviert werden können, wenn notwendige Bedürfnisbefriedigungen gewährleistet
sind oder die Erfüllung der Bedürfnisse in Aussicht gestellt
wird.

Werden die einzelnen Bedürfniskategorien auf konkrete Situation im Arbeitsprozess bezogen, so lassen sich folgende Möglichkeiten der konkreten Motivation festhalten (Tab. 4).

Tabelle 4: Übertragung der Maslow'schen Bedürfnisfelder auf moderierte
Sitzungen

Bedürfnisfelder	Erfüllung der Bedürfnisse im Rahmen moderierter Sitzungen
physiologische Bedürfnisse	Herstellung optimaler Rahmenbedingungen: Versorgung, Räumlichkeiten, biorhythmisch günstig gelegte Teamsitzungen (z. B. nicht direkt nach der Mittagspause), Pausen bei längeren Sitzungen, genügend Bewegungsraum in Sitzungen (Stühle und Tische nicht zu eng zueinander stellen).
Sicherheitsbedürfnisse	Initiieren und Aufrechterhalten eines »geschützten Raums«, d. h. Einhaltung der Feedback-Regeln; konstruktive Behandlung von Konflikten; Schutz vor sozial unangemessenem Verhalten (z. B. »laut werden«); Einhaltung von Standards der Arbeitssicherheit.
Bedürfnis nach Zugehörigkeit und Liebe	Betonung des Kooperations- und Teamgedankens; Herstellung einer Atmosphäre des gegenseitigen Respekts; Erarbeiten und Pflegen einer Corporate Identity (Unternehmensidentität)
Bedürfnis nach Leistung und Anerkennung	Die Veranstaltung thematisch so zu strukturieren, dass Lernerfolge schrittweise erzielt werden können; positive Würdigung konstruktiv-kritischer Auseinandersetzung mit den behandelten Inhalten; ermöglichen von individuell erkennbaren Leistungen und Anerkennung der erbrachten Leistungen durch den Moderator.

Bedürfnisfelder	Erfüllung der Bedürfnisse im Rahmen moderierter Sitzungen
Bedürfnis nach Selbstverwirklichung	Förderung aktiver Mitarbeit (z. B. Arbeitsgruppen, ergebnisorientierte Diskussionen); einleitende Erwartungsanalyse; Mitwirkung bei der Auswahl und Zuteilung individueller Arbeitsaufträge; individuelle Gestaltung des Arbeitsumfeldes fördern.
Bedürfnis nach Transzendenz	Eine Annäherung an diese Bedürfnisbefriedigung über die Förderung eines Gemeinschaftsgeistes innerhalb der Sitzung; Vermittlung eines höheren Zwecks der eigenen Arbeitsleistung (z. B. positive gesellschaftspolitische Relevanz der individuellen Leistung aufzeigen).

Die ERG-Theorie von Alderfer

Maslows Bedürfnispyramide wurde – da sich die sechs Bedürfnisfelder teilweise überlappen – von Alderfer in der »Theory of Existence, Relatedness, and Growth Needs« (ERG-Theorie) auf drei Bedürfnisklassen reduziert (Alderfer 1972, S. 147 ff.; s. Tab. 5).

Alderfer weicht von Maslows Annahme ab, Bedürfnisbefriedigung auf höherer Stufe sei erst dann möglich, wenn das jeweils niedere Bedürfnis befriedigt ist. Er geht von einer Frustrationskomponente aus: Sobald eine der höheren Bedürfnisebenen blockiert ist und nicht befriedigt werden kann (Frustration), wendet sich das Interesse des Menschen wieder der nächst niederen Bedürfnisgruppe zu, deren Befriedigung ersatzweise an die Stelle der nicht erreichbaren Bedürfnisgruppe tritt.

Tabelle 5: Die ERG-Theorie Alderfers

Existenzbedürfnisse (existence needs):	E	Physiologische Bedürfnisse, Sicherheit, Bezahlung
Interpersonelle Beziehungsbedürfnisse (relatedness needs)	R	Kontakt sowie Achtung und Wertschätzung
Wachstum (growth needs)	G	Entfaltung, Selbstverwirklichung

Alderfer kommt zu sieben Grundaussagen, die für den Moderationsprozess Bedeutung haben:

1. Je weniger die Existenzbedürfnisse befriedigt sind, desto stärker werden sie.
2. Je weniger die Beziehungsbedürfnisse befriedigt sind, desto stärker werden die Existenzbedürfnisse.
3. Je mehr die Existenzbedürfnisse befriedigt sind, desto stärker werden die Beziehungsbedürfnisse.
4. Je weniger die Beziehungsbedürfnisse befriedigt sind, desto stärker werden sie.
5. Je weniger die Wachstumsbedürfnisse befriedigt sind, desto stärker werden die Beziehungsbedürfnisse.
6. Je mehr die Beziehungsbedürfnisse befriedigt sind, desto stärker werden die Wachstumsbedürfnisse.
7. Je mehr die Wachstumsbedürfnisse befriedigt sind, desto stärker werden sie.

Diese Aussagen bedeuten für die Moderation:
– Unbedingte Sicherstellung der existentiellen Bedürfnisse.
– Nicht die Vereinzelung der Arbeitsprozesse ist zu fördern, sondern deren beziehungsorientierte Vernetzung.
– Optimale Leistung wird erzielt, wenn sie als Aspekt der Selbstverwirklichung erfahren werden kann.

Leistungsbereitschaft aktivieren und aufrechterhalten

Hat die Moderatorin oder der Moderator die Bedürfnis- und Interessenlagen der TN erfasst – insbesondere durch Erwartungsanalysen, die der jeweiligen Aufgabenstellung vorgeschaltet werden und durch eine Arbeitsteilung, die auf die individuellen Bedürfnisse abgestimmt ist –, ist die Grundlage für Motivierung geschaffen.

Die im Folgenden vorgestellten drei Motivierungstheorien basieren somit allesamt auf folgender Prämisse:

Die individuelle Bedürfnisbefriedigung bei der Erledigung der Arbeitsaufgaben gewährt optimale Leistung und Leistungsbereitschaft für zukünftige Arbeitsaufgaben.

Herzbergs Zwei-Faktoren-Theorie

Die Einstellung von Menschen zu ihrer Arbeit wird durch zwei Faktoren mit unterschiedlicher Richtung geprägt. Herzberg (1966) unterscheidet *Hygienefaktoren* und *Motivatoren.*

Zu den *Hygienefaktoren* zählt Herzberg:
- Arbeitsvertrag-Konditionen,
- personalbezogene Unternehmenspolitik,
- Organisation,
- Beziehungen zu Kolleginnen und Kollegen, Vorgesetzten und Mitarbeitern,
- äußere Arbeitsbedingungen,
- Arbeitsplatzsicherheit.

Hinsichtlich der Gruppe der Hygienefaktoren ergaben sich aus Herzbergs Befragungen folgende Effekte: Wenn die genannten Merkmale von den Befragten negativ bewertet wurden, löste dies bei der Mehrzahl Gefühle der Unzufriedenheit aus. Wurden diese Merkmale im Weiteren positiv bewertet, verminderte sich die Unzufriedenheit, es entwickelte sich aber noch keine Arbeitszufriedenheit.

Anders verhält es sich mit der Gruppe der so genannten *Motivatoren*, zu denen Herzberg als wesentliche Gestaltungsmerkmale von Arbeit zählt:
- Leistung,
- Anerkennung,
- Verantwortung,
- Wachstum,
- Aufstieg.

Wurden diese Merkmale von den Befragten positiv bewertet, sahen sie sich zu voller Arbeitszufriedenheit stimuliert. Die negati-

102

| Unzufriedenheit | Zustand
nicht unzufrieden/
noch nicht zufrieden | Zufriedenheit |

Wirkungsbereich der   Wirkungsbereich der
„Hygienefaktoren"   „Motivatoren"

Abbildung 10: Herzbergs Zwei-Faktoren-Theorie

ve Bewertung führte zu einem indifferenten Zustand von (Un)-Zufriedenheit. Eine mittlere Position zwischen Motivatoren und Hygienefaktoren nehmen die Merkmale »Gehalt« und »Status« ein. Der Zusammenhang der Hygienefaktoren und Motivatoren lässt sich grafisch wie in Abbildung 10 darstellen.

Will die Moderatorin/der Moderator motivieren, so sollte sie/er nach den Erkenntnissen Herzbergs weniger auf mittelbare Bedürfnisbefriedigung, also auf externe Anerkennung oder materielle Leistungsanreize abheben, sondern vielmehr sollte der Arbeitsprozess derart gestaltet werden, dass die Mitarbeiter/-innen unmittelbar aus der Arbeit selbst ihre Bedürfnisbefriedigung erlangen.

Wie nun genau sollten Arbeitsprozesse per Moderation strukturiert werden, damit die Arbeit selbst motivierend wirkt?

Antworten darauf geben die beiden im Folgenden dargestellten Prozess-Theorien, die ihr besonderes Augenmerk darauf richten, wie, auf welchem Wege, in welchem Prozess Arbeitsziele verfolgt werden – und damit eher motivierend oder demotivierend wirken. Handlungsabläufe sind dabei weniger konstante Größen als vielmehr Ergebnisse kognitiver Prozesse.

Vrooms Valenz-Instrumentalität-Erwartung-Theorie (VIE-Theorie)

Vrooms Theorie (1964) geht von drei Variablen aus: Valenz, Instrumentalität und Erwartung.

Valenz steht für die individuell empfundene Stärke des Anreizes, der von einem vorgestellten Ziel ausgeht. Ein Ziel wird nur

103

dann Energie mobilisieren, wenn es im Individuum einen starken Bedürfnisdrang hervorruft. Fehlt ein solcher Drang, oder könnte die Erreichung des angepeilten Ziels sogar negative Ergebnisse (z. B. Blamage, Gefahr der Bestrafung) mit sich bringen, werden keine oder gar abwehrende Energien freigesetzt.

Instrumentalität entspricht der Tauglichkeit eines Ziels erster Ordnung (Z1) zur Verfolgung eines Ziels zweiter Ordnung (Z2). Ihre Funktion steht in der zweiten Ebene der Funktion der »Erwartung« für die erste Ebene nahe.

Erwartung bezeichnet den subjektiven Wert, den ein Individuum einer bestimmten Handlungsstrategie zumisst, um über sie ein Ziel der ersten Ordnung erreichen zu können. Das Individuum wird unter mehreren Handlungsalternativen zur Verfolgung des Zieles stets diejenige auswählen, von der die größte Erfolgswahrscheinlichkeit anzunehmen ist.

Beispiel für den Zusammenhang zwischen Valenz, Instrumentalität und Erwartung: Nehmen wir an, Sie wollen mit Ihrem Arbeitskreis Fortbildungen planen. Um die höchstmögliche Motivation zur Wahrnehmung von Fortbildungen zu erreichen, müssten die genannten Kriterien folgendermaßen erfüllt werden:

Das Ziel (erster Ordnung), sich in einem bestimmten Thema fortbilden zu lassen, muss mit einer hohen Anziehungskraft belegt werden. Zunächst muss die jeweilige Fortbildung für die in Frage kommenden Interessenten/-innen in hohem Maße deckungsgleich mit deren Wünschen und Bedürfnissen sein. Daher werden in der Praxis so genannte Fortbildungsbedarfsanalysen durchgeführt, in denen unter anderem die Bedürfnislage der möglichen Interessenten/-innen abgefragt werden. Sind diese bekannt, werden die Fortbildungsangebote darauf ausgerichtet (Erzielen einer hohen Valenz).

Die Instrumentalität des Erreichens dieses Fortbildungsziels richtet sich nun danach, inwieweit die Fortzubildenden ihr Fortbildungsziel als Instrument für ein höheres Ziel (Ziel zweiter Ordnung), das der beruflichen und gegebenenfalls finanziellen Weiterentwicklung dient, ansehen. Können Sie als Moderator/-in die jeweilige Fortbildung in einen derartigen Zusammenhang stellen (absolvierte Fortbildung führt zu besserer beruflicher Position), haben Sie eine hohe Instrumentalität sichergestellt und dadurch zugleich das erste Ziel (die Fortbildung zu absolvieren) mit noch höherer Anziehungskraft belegt.

Wenn nun noch die Erwartung, das Fortbildungsziel in überschaubarer Zeit und ohne Reibungsverluste zu erreichen, als erfüllbar vermittelt werden kann (hohe Erwartung), wird eine insgesamt optimierte Motivation der Interessenten/-innen zur Teilnahme an der entsprechenden Fortbildung erzielt.

Erwartungs-Wert-Modell nach Porter und Lawler

Porter und Lawler (1968) entwickelten Vrooms Theorie weiter, indem sie die Bedeutung individueller Erfolgserwartungen noch stärker hervorheben und einen Zusammenhang zwischen Arbeitsleistung und Arbeitszufriedenheit herstellen.

Die zentralen Komponenten sind:
- die Valenz von Zielen (V_Z).
  Ziele können mittels Arbeitsleistung verfolgt werden; von deren Erreichung verspricht sich das Individuum einen Belohnungswert.
- subjektive Weg-Wahrscheinlichkeit (E → P).
  Mittels erhöhter Bemühung (E) kann erhöhte Arbeitsleistung (P) bewirkt werden.
- subjektive Ziel-Wahrscheinlichkeit (P → Z).
  Mittels der erhöhten Arbeitsleistung (P) können die angestrebten Ziele (Z) erreicht werden.

Die drei Komponenten stehen zueinander in einer multiplikatorischen Funktion. Motivation lässt sich so aus folgender Zuordnung ableiten:

$$M = f \Sigma [V_Z \times (E \to P) \times (P \to Z)]$$

Das im Ansatz von Vroom ausgewiesene Element der Instrumentalität ist hier in beide Wahrscheinlichkeiten integriert. Aus dem Vergleich zwischen erwarteten und tatsächlich wahrgenommenen Belohnungen leitet der Mitarbeiter seine Zufriedenheit mit der Arbeitsleistung ab.

Empfehlungen zur Motivation

Die Erkenntnisse der skizzierten Theorien bedeuten für die Moderation von konkreten Arbeitsprozessen, dass Sie motivieren, wenn Sie folgendes sicherstellen:

- Arbeitsziele, -aufgaben und die Gestaltung der Arbeitsteilung und Arbeitsabläufe *knüpfen positiv an den Bedürfnissen*, Erwartungen und Interessen der Kollegen/-innen an.
- Ihre *sozial kompetente Beziehungsorientierung* (Kooperation, Konfliktmanagement und Förderung des Teamgeistes) bildet die *Grundlage* von Arbeitszufriedenheit.
- *Arbeitsziele* sind im Rahmen der Unternehmensziele weitestgehend von den Kollegen/-innen *selbst zu bestimmen*.
- Die *Ziele* sind so zu formulieren, dass sie eine starke *Anziehungskraft* auf die Arbeitenden ausüben.
- Die *Ziele* sind *in Teilziele* zu zergliedern, damit sie in überschaubarer Zeit erreicht werden können.
- Die erreichten (Teil-)Ziele müssen als *persönliche Leistung* erfahrbar gemacht werden. Personenbezogene Aufgabenverteilung und -erledigung sowie Würdigung der Ergebnisse durch das Team und die Moderation stellen intrinsische (von innen wirkende) und extrinsische (von außen empfangene) Belohnungswerte dar.

Konfliktmanagement

Da Konflikte zum integralen Bestand jeder Teamarbeit gehören, gehört das Konfliktmanagement zu den zentralen Aufgaben jeder Moderation.

Als Konflikt (lateinisch confligere: zusammenprallen) wird im Folgenden eine Situation verstanden, in der

- mindestens zwei Verhaltenstendenzen einander widersprechen,
- die Konfliktparteien sich aneinander gebunden sehen, so dass ein Sich-aus-dem-Weg-Gehen nicht möglich erscheint und
- eine vitale/existentielle Bedürfnisbefriedigung oder Interessenverwirklichung der Konfliktparteien von diesen als bedroht angesehen werden.

Diese Voraussetzungen für Konflikte zwischen Personen (*interpersonale* Konflikte) bedeuten für die Moderatorin oder den Moderator, dass es beim Konfliktmanagement prinzipiell darauf ankommt, die Widersprüche konkret herauszuarbeiten und herauszufinden, welche jeweiligen konkreten vitalen Bedürfnisse oder Interessen für die Konfliktparteien eine Rolle spielen.

Erst wenn diese vitalen Bedürfnisse oder Interessen herausgearbeitet sind, ist es möglich, diese über einen Interessenausgleich zu versöhnen oder dergestalt Voraussetzungen zu schaffen, dass die unterschiedlichen Interessen friedlich koexistieren können.

Es können jedoch nicht nur *zwischen* Personen Konflikte auftreten, sondern auch innerhalb einer Person. *Intrapersonale* Konflikte haben für die Konfliktträger ebenfalls eine vitale Bedeutung.

Ein intrapersonaler Konflikt kann zum Beispiel der Widerspruch in einem Menschen sein, eine hohe Erwartungshaltung an die eigene Arbeitsleistung herausgebildet zu haben, zugleich jedoch die Grenzen des eigenen Leistungsverhaltens immer wieder im Widerstreit zur eigenen Erwartungshaltung zu erfahren.

Für die Moderation geht es hauptsächlich um interpersonale Konflikte, da diese behandelt und gelöst werden müssen – und können –, um die Arbeitsfähigkeit in den moderierten Sitzungen wieder herzustellen.

Schwer lösbar sind für eine Moderatorin oder einen Moderator intrapersonale Konflikte, da solche Konfliktlinien für einen Außenstehenden nur schwer zu erschließen sind.

Konfliktprophylaxe

Konflikten schon im Vorfeld zu begegnen, ist der Anspruch von Konfliktprophylaxe, nicht jedoch Konflikte zu unterdrücken, wenn diese sich anbahnen. Daher können Konfliktprophylaxe und die Schaffung motivationaler Voraussetzungen als »Geschwister im Geiste« verstanden werden.

Grundsätzliche Prophylaxe

Folgende Maßnahmen schaffen grundsätzlich motivationale Voraussetzungen für moderierte Arbeitsprozesse und verringern daher die Wahrscheinlichkeit von Konflikten:

- **Beibehaltung der neutralen Moderationsrolle**
  Keine Bevorzugung von Einzelnen und die Einnahme vermittelnder Positionen bilden den Kern der Neutralität.
- **Verwirklichung der motivationalen Moderationsansätze**
  Der Abgleich der Arbeitsprozesse mit den Bedürfnislagen der Arbeitsgruppenmitglieder und die Ermöglichung intrinsischer und extrinsischer Belohnungswerte durch menschen- und aufgabengerechte Strukturierung der Arbeitsprozesse gelten als eigentliche Motivatoren.
- **Durchgängiger Einsatz von Visualisierungsmitteln**
  Durch die regelmäßige Visualisierung von Arbeitszielen, Arbeitsschritten, Arbeitsergebnissen und Erwartungen steht das

Sachthema im Vordergrund und sachbezogene Missverständnisse werden minimiert.

- **Regelmäßige Teamsitzungen**
  In Teamsitzungen können nicht nur Arbeitsprozesse, sondern auch die emotionalen Befindlichkeiten am Arbeitsplatz besprochen werden.
- **Informelle Führerschaften und Außenseiterrollen im Team**
  Jede Moderation sollte integrativ wirken, indem sowohl die individuellen als auch die gruppenspezifischen Bedürfnisse frühzeitig erfasst und miteinander abgeglichen werden.

Prophylaxe im Kommunikationsprozess

Ausgeprägten Konflikten gehen oftmals Störungen im Kommunikationsprozess voraus, sofern diese nicht erkannt und behandelt werden. Insbesondere unsachliche Rhetorik in Besprechungen wächst sich zu Konflikten aus, aber auch die Nichteinhaltung einer Sitzungsstruktur.

Zunächst ist zu sehen, dass nicht jedes Phänomen, das wir als Störung bezeichnen, auch objektiv eine Störung ist. Das bedeutet, dass etwa eine sachliche Kritik als Störung empfunden werden kann, weil der Empfänger diese Kritik als äußerst bedrohlich erlebt – sei es, weil sie seine Rolle oder Kompetenz in Frage stellt, sei es, weil er sie aus persönlichen Erfahrungen sofort mit einer emotionalen Reaktion abwehren muss.

Dies bedeutet für den Moderator/die Moderatorin: Da man in der Rolle selbst potenziell dazu beiträgt, ein Phänomen zur Störung zu erheben, sollte man grundsätzlich sehr vorsichtig sein, ein Verhalten als *allgemeine* Störung zu bezeichnen. Die Möglichkeit der subjektiven Äußerung (Ich fühle mich durch dies oder das gestört) bleibt jedoch unbenommen.

Neben Störquellen, die vom Veranstaltungsumfeld (Raum, Materialien usw.) ausgehen können, sind es hauptsächlich Kommunikationsstörungen und im engeren Sinne Störungen im Veranstaltungsablauf, die im Folgenden erörtert werden.

Störungen im Veranstaltungsablauf treten insbesondere dann auf, wenn a) der Ablauf nicht strukturiert ist oder b) die gegebene Struktur nicht eingehalten wird.

■ **Maßnahmen bei unstrukturiertem Ablauf:**
• Strukturieren Sie den Ablauf sowohl inhaltlich als auch zeitlich.
• Visualisieren Sie die Ablaufstruktur und holen Sie das Einverständnis der Teilnehmenden ein (kein dezidierter Widerspruch auf Nachfrage genügt).
• Beachten Sie die grundsätzliche Unterscheidung von Bericht und Diskussion.

■ **Maßnahmen bei Nichteinhaltung des strukturierten Ablaufs:**
• Halten Sie sich selbst an den zeitlichen Ablauf.
• Holen Sie bei inhaltlichen kurzfristigen Änderungen das Einverständnis ein.
• Weisen Sie frühzeitig auf Abweichungen hin und verweisen Sie dabei auf den Gruppenkonsens.

Kommunikationsstörungen im Diskussionsprozess

Will jemand in der Diskussion von der eigenen Position mit rhetorischen Mitteln überzeugen, wird er sich sachlicher Argumente bedienen; faule rhetorische Tricks dienen eher dazu, mit allen Mitteln die eigene Position durchzusetzen.

Nicht immer werden diese Tricks allerdings aus unredlichen Motiven eingesetzt; oft unterliegen die Redner/-innen einfach Trugschlüssen (Sophismen) oder verzerren eine wie auch immer geartete Wirklichkeit deshalb, weil sie eine Wirklichkeit, die der ihren widerspricht, nicht ertragen können.

Von Vorteil ist es daher, die eigenen Argumentationsmuster immer wieder zu überprüfen und auf unredliche Rhetorik des Gegenübers gefasst zu sein, um dieser konstruktiv zu begegnen.

Die folgende Übersicht (Tab. 6) zeigt, welche Art von Störungen während Diskussionen auftreten können und welche Ansätze es gibt, damit konstruktiv umzugehen.

Tabelle 6: Störungsmuster in Diskussionen und was man dagegen tun kann

Störung	Beschreibung	Behebung
»ad perso-nam«-Technik	Anstatt sachlich (ad rem) zu argumentieren, greift man das Gegenüber als Person an.	Zeigen Sie Rollendistanz. Lassen Sie sich weder positiv noch negativ mit den behandelten Inhalten identifizieren, ohne dabei auf anschauliche und überzeugende Darstellungen zu verzichten. Machen Sie klar, dass es nicht um persönliche Positionen geht. Lenken Sie zurück zur Sache und argumentieren Sie aus der Sache heraus.
Verdrehungstechnik	Man nimmt Behauptungen und Begriffe des Gegenübers auf und gibt ihnen einen falschen Sinn.	Klären Sie zentrale Begriffe über Definitionen; geben Sie die entsprechenden Definitionen bei Bedarf in den Diskussionsprozess ein.
Übertreibungstechnik	Man übertreibt die Behauptung des Gegenübers ins Gefährliche oder Absurde und ignoriert dabei alle vom Gegenüber gemachten Einschränkungen.	Gehen Sie zweigliedrig vor: • Erfragen Sie eine Konkretisierung der Befürchtung und akzeptieren Sie diese Befürchtung. • Versuchen Sie diese Befürchtung aufzulösen, indem Sie aus der Sache heraus darstellen, wieso bestimmte Extremsituationen nicht eintreten werden.
Unterstellungstechnik	Man unterstellt dem Gegenüber negative Absichten und zieht aus seiner Behauptung Folgerungen, die in ihnen gar nicht enthalten sind.	• Unterstellungen Ihnen selbst gegenüber: Zeigen Sie Rollendistanz, indem Sie sachlich und weitestgehend wertfrei reagieren; bei Bedarf jedoch Ihre eigene Haltung als solche äußern. Lenken Sie über zum Sachverhalt.

Störung	Beschreibung	Behebung
		• Unterstellungen im Teilnehmerfeld: Fragen Sie nach der Begründung der Behauptung; wird diese in der Person angelegt, weisen Sie auf die Unmöglichkeit hin, die Absichten des Anderen definitiv kennen zu können.
Ausweichtechnik	Man geht auf Argumente des Gegenübers gar nicht ein, sondern weicht auf ein anderes Problem aus.	Führen Sie zum Thema zurück. Weisen Sie ggf. darauf hin, dass das abweichende Problem später behandelt werden kann.
Verdrängungstechnik	Man ignoriert die Hauptpunkte der gegnerischen Argumentation und konzentriert seine Angriffe auf Details.	Konzentrieren Sie Ihre Darstellung auf das Wesentliche. Führen Sie immer wieder auf die wesentliche Thematik zurück.
Verwirrungstechnik	Durch komplizierte Unterscheidungen und Problemvermischungen sucht man die gegnerische Position zu vernebeln.	Strukturieren Sie durch Zusammenfassungen des Wesentlichen. Fragen Sie nach, welcher Punkt der Rede für den/die Sprechende/n am wichtigsten ist.

Empfehlungen zum Umgang mit Störungen

Bei den angesprochenen besonderen Störungen, aber auch andersartigen, können Sie auf folgende *Grundregeln* zurückgreifen:

– *Oberstes Gebot: Ruhe, Gelassenheit und Selbstdisziplin*
  Nur ein kühler Kopf bewahrt den Überblick. Lassen Sie sich niemals provozieren oder unfaires Verhalten und emotionale Stimmungen vom anderen aufdrängen.
– Weisen Sie auf die *Feedback-Regeln als Grundlage des Fairplay* hin und betonen Sie einen sachbezogenen Dialog.

- Nutzen Sie die *Nachfragetechnik* oder den *Kontrollierten Dialog*, um eine eskalierende Situation wieder zu versachlichen.
- Zeigen Sie bei frontalen Angriffen möglichst keine Unsicherheit (z. B. Verlegenheitsgesten, Rechtfertigungsmechanismen); bleiben Sie ruhig und gelassen. *Tragen Sie in aller Ruhe nochmals Ihre Hauptargumente vor.*
- Tun Sie alles, *um das Gesetz des Handelns auf Ihrer Seite zu haben*
  - Behalten Sie konsequent Ihr Thema im Auge; achten Sie auf die vereinbarte Zeit.
  - Steuern Sie die Reihenfolge der Wortmeldungen.
  - Wenn neue Themen eingeführt werden sollen, können Sie diplomatisch Nein sagen.
  - Wirken Sie Nebengesprächen und Störungen freundlich, aber frühzeitig entgegen.
  - Fordern Sie bei Behauptungen schlüssige Beweise (z. B. Quellenangaben) und klare Definitionen (Was genau verstehen Sie darunter?).
  - Lassen Sie sich nicht unterbrechen, wenn Sie das Wort haben.

Krisenintervention

In Fällen überbordender Emotionalität, wenn Kontrahenten ihren Streit nicht mehr auf sachlicher Grundlage fußen lassen können und die Gefahr seelischer Verletzung aufgrund sozial unangemessenen Verhaltens groß ist, muss der Moderator oder die Moderatorin spontan intervenieren.

Er/sie sollte dabei das Ziel verfolgen, die Kontrahenten dermaßen zu beruhigen, dass die Situation versachlicht wird und im besten Fall ein Interessenausgleich stattfindet. Um dieses Ziel zu erreichen, hat sich ein systematisches Herangehen an Konfliktsituationen nach der Formel V-I-R (*V*erständnis-*I*nteresse-*R*egelung) bewährt.

Grundlegend wichtig ist die unbedingte Einhaltung der Reihenfolge des Vorgehens: Erst wenn ein emotional erregter Mensch das Gefühl erlangt, verstanden zu werden, wird er sich soweit beruhigen, dass er für Sachargumente zugänglich wird (Phase *V*).

Er oder sie kann dann der Formulierung des Gegeninteresses (Phase *I*) aufnahmebereit gegenüberstehen. Das Gegeninteresse kann sowohl auf Seiten eines anderen Teammitglieds liegen oder mehrheitlich auf Seiten des gesamten Teams (Gruppeninteresse wie z. B. Einhalten von Absprachen).

Bei Formulierung des Gegeninteresses ist auf einen sachorientierten Begründungszusammenhang zu achten; dadurch wird die Gegenposition legitimiert und die Versachlichung vorangebracht. Sind die Interessengegensätze klar und sachorientiert herausgearbeitet, kann sich die Moderation dem Interessenausgleich zuwenden (Phase *R*).

Wichtig ist zudem, dass keine Phase ausgelassen wird: Würde die Möglichkeit sich verstanden zu fühlen (Verständnisphase) fehlen, wäre die betreffende Person nicht aufnahmebereit für Gegenargumente. Würde die Bereitschaft zuzuhören fehlen (Interessens-

Tabelle 7: Verständnis-Interesse-Regelung in der Umsetzung

Verständnis	• Explizit **Verständnis äußern** *(Ich verstehe Ihre Aufregung . . .)*. • **Kontrollierter Dialog** *(Wenn ich Sie richtig verstehe, ist Ihnen Folgendes wichtig . . .)*. • **Offene Fragen** stellen *(Welches Problem ist Ihrer Meinung nach noch nicht erkannt?)*. **Ziel:** Erkennen des der emotionalen Erregung zugrundeliegenden Interesses.
Interesse	Das **Gegen- oder Gruppeninteresse** über Kurzrede formulieren: 1. Behauptung, 2. Begründung, 3. Eigeninteresse auf den Punkt bringen.
Regelung	Den Konflikt über Angebote zum **Interessenausgleich** regeln: • Kompromiss anbieten, • Kompromissangebot erfragen, • Falls keine Kompromissfähigkeit vorhanden: widersprechende Positionen als nebeneinander bestehend feststellen.

phase), würde sich immer derjenige durchsetzen, der am vehementesten seine Position vertritt. Würde ein Interessenausgleich (Regelungsphase) entfallen, blieben Streitposition unvermittelt nebeneinander stehen und würden an anderer Stelle wieder zu Streitigkeiten und Frustrationen führen (s. Zusammenfassung in Tab. 7).

Intrapersonale Konfliktbehandlung

Bei der intrapersonalen Konfliktbehandlung sind der Moderation enge Grenzen aufgezeigt. Innerpsychische Vorgänge eines Menschen können nur dann thematisiert werden, wenn dieser dies ausdrücklich will.

Da die Moderatorin oder der Moderator jedoch keinen therapeutischen Auftrag hat, ist unbedingt darauf zu achten, dass eine Therapeutenrolle vermieden wird. Es ist jedoch hilfreich, als Moderator/-in einige grundlegende intrapersonale Konfliktmechanismen zu kennen, die den meisten Menschen zu Eigen sind.

Unter dem Begriff »Abwehrmechanismen« werden seit Anna Freud (1984) intrapersonale Verdrängungsmechanismen verstanden. Diese stellen eine Schutzfunktion des Bewusstseins dar, die auf mehr oder minder starke Traumatisierungen in der Kindheit zurückzuführen sind.

Abwehr bedeutet, etwas aus dem Bewusstsein fernzuhalten (in das Unbewusste zu verdrängen), ohne dass einem dies bewusst ist. Ziel des Verdrängungsprozesses ist es, ein unerträgliches, angstbesetztes und mit dem seelische Wohlbefinden nicht zu vereinbarendes Erleben fernzuhalten. Wobei dieser Verdrängungsmechanismus eben nicht immer perfekt funktioniert, so dass unbewusst Ängste durch äußere Eindrücke berührt werden. Tabelle 8 stellt verschiedenen Ausformungen dieses Abwehrmechanismus Interventionsmöglichkeiten des Moderator/der Moderatorin gegenüber.

Prinzipiell gilt für den Umgang mit Abwehrmechanismen:
• Abwehrmechanismen sollten immer als notwendiger Schutz des Bewusstseins respektiert und deren Sinnhaftigkeit für die abwehrende Person anerkannt werden.

115

Tabelle 8: Abwehrmechanismen und wie man damit als Moderator/-in umgehen kann

Abwehrmechanismus	Möglicher Umgang damit
Intellektualisieren Das logische Erklären emotionaler Vorgänge, die dadurch abstrahiert, verallgemeinert, entpersönlicht, also abgewehrt werden.	Die Verständnisphase nicht zu schnell verlassen. Betroffene in ihrem Recht auf Emotionalität bestärken und überprüfen, ob rationale Einsichten während eines Konfliktes aufgesetzt sind oder gründlich erarbeitet wurden.
Rationalisieren Versagen oder Fehlverhalten werden mit scheinbaren rationalen Erklärungen überdeckt, statt sie auf die eigentlichen persönlichen Schwierigkeiten zurückzuführen (so wie der Fuchs die Trauben, die für ihn zu hoch hängen, als sauer und damit als uninteressant umdeutet).	Begründungen bei Fehlleistungen hinterfragen und immer auch das Interesse der Betroffenen aufnehmen; die persönliche Betroffenheit bei Fehlleistungen sensibel ergründen.
Projektion Das unbewusste Verlagern von eigenen Vorstellungen und Impulsen auf einen anderen Menschen, an dem diese Regungen (vermeintlich oder tatsächlich) wahrgenommen und oft kritisiert werden, während sie im eigenen Erleben nicht ertragen werden (z. B. lebendiges Kommunikationsverhalten eines Kollegen als impertinent abqualifizieren, weil man selbst im Ausdruck antriebsgehemmt ist).	• »Ich-Botschaften« der Teammitglieder fördern und darauf achten, ob einer Kritik am Anderen eine Unterstellung zugrunde liegt. • Dazu auffordern, kritisiertes Verhalten *konkret* zu beschreiben und somit aus der Sache heraus als kritikwürdig begründen lassen.
Regression Die Abwehr einer überfordernden Gegenwart durch Flucht in vergangene (meist frühkindliche) Verhaltens- und Erlebensmuster (z. B. Beschwören einer heilen Vergangenheit bei Ablehnung von notwendigen technischen Neuerungen; kindisches Albern in belastenden Sitzungen)	• Hinterfragen, ob persönliche Befürchtungen oder Ängste mit der jetzigen Situation einhergehen; • Rückzugsmöglichkeiten für »kollegiales Albern« zulassen und situativ eingrenzen

Abwehrmechanismus	Möglicher Umgang damit
Verschiebung Aggressionen, die aktuell von einer Person verursacht wurden, werden nicht in der eigentlichen Situation belassen, sondern auf andere, schwächere Personen verschoben (z. B. bei einer Auseinandersetzung mit dem Vorgesetzten die entstandenen Aggressionen nicht beim Vorgesetzten abarbeiten, sondern am Lehrling »auslassen«).	• Überprüfen, ob die Konflikte aus dem Arbeitskontext selbst entstanden sind oder ob sie von »außen« in die Arbeitsgruppe getragen wurden. • Bei externer Verursachung ggf. ein persönliches Gespräch anbieten.

- Abgesehen von den erkennbaren Verhaltensweisen und Positionen sollten Bedürfnislagen der Betroffenen thematisiert werden.
- Von psychologisierenden Zuschreibungen ist unbedingt abzusehen.

Interpersonale Konfliktbehandlung

Um psychosoziale und strukturelle Konfliktlinien zwischen TN erkennen und darauf einwirken zu können, bietet das Modell der *Themenzentrierten Interaktion* nach Ruth C. Cohn (2000) eine brauchbare Grundlage (s. Abb. 11).

Intrapersonale Konflikte werden minimiert, wenn eine Balance besteht zwischen den Ansprüchen der Gruppe, denen der Individuen und dem aktuellen Thema der Arbeitsgruppe (Thema kann hierbei auch der Gruppenprozess selbst sein, d. h. wie die Teamsitzung abläuft). Darüber hinaus wirken optimierte Rahmenbedingungen konfliktmindernd (siehe auch den Abschnitt »Konfliktprophylaxe«, S. 108). Konfliktlinien können nun in verschiedenen Konstellationen auftreten (Tab. 9).

Doppler und Lautenburg (1995) stellen aus dem Bereich Change Management ein Modell menschlichen Konfliktverhaltens vor, das Anregungen gibt, interpersonale Konflikte erfolgreich anzugehen (s. Abb. 12).

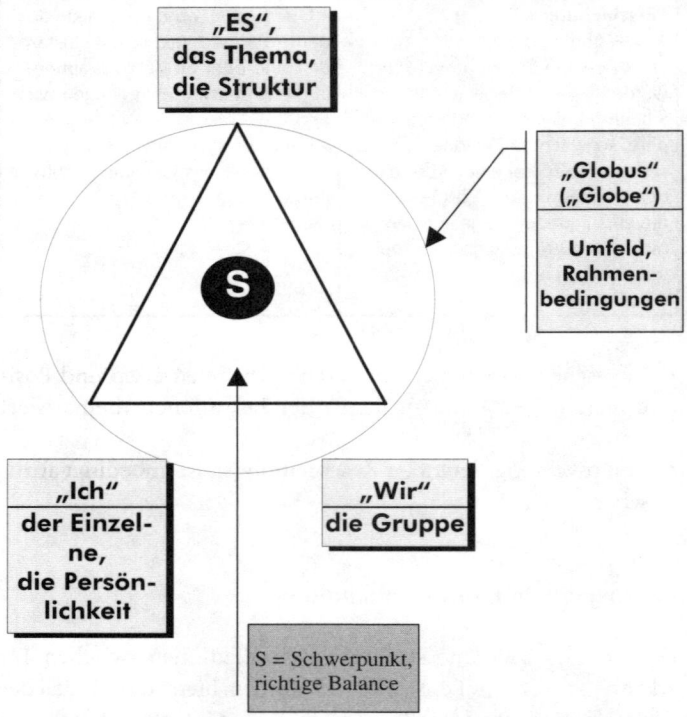

Interaktionelles Dreieck
Das Modell der Themenzentrierten Interaktion

"ES",
das Thema,
die Struktur

"Globus"
("Globe")

Umfeld,
Rahmen-
bedingungen

S

"Ich"
der Einzel-
ne,
die Persön-
lichkeit

"Wir"
die Gruppe

S = Schwerpunkt,
richtige Balance

Abbildung 11: Themenzentrierte Interaktion (TZI) bezeichnet ein Verfahren der Gruppenleitung und Gruppenarbeit, bei dem unter Beachtung bestimmter Regeln versucht wird, Thema, Individuum und Gruppe in Balance zu bringen

Erkennbar wird in diesem Modell die Notwendigkeit eines hohen Kräfteeinsatzes, will man Konflikte lösen: Wird viel Energie zur Unterstützung der Bedürfnisbefriedigung des Konfliktpartners und zugleich viel Energie zur Durchsetzung der eigenen Bedürfnisbefriedigung aufgewandt, so sind die Voraussetzungen für ein kooperatives Konfliktmanagement geschaffen.

So sollte bei jeder interpersonalen Konfliktsituation eine Verhandlungssituation geschaffen werden, in der ein entsprechender Interessenausgleich herbeigeführt werden kann.

Tabelle 9: Konstellationen bei interpersonalen Konflikten und was man als Moderator/-in dagegen tun kann

Konfliktkonstellation	Behebung durch die Moderation
Das Arbeitsthema oder vorgegebene Arbeitsprozesse dominieren die Gruppe und ihre Mitglieder.	• Thema mit den Interessen der Gruppe und der Mitglieder abgleichen. • Die Gruppenmitglieder aktiv an der Gestaltung der Arbeitsprozesse mitwirken lassen. • Störungen vorrangig behandeln, um dann zum Thema zurückzukehren.
Einzelne Gruppenmitglieder dominieren die Gruppe (z. B. aggressive Vielredner/-innen).	• Mögliche individuelle Abwehrmechanismen bedenken. • Über Absprachen die Arbeitsprozesse gemeinsam und verbindlich regeln (z. B. Prinzip des Ausreden-Lassens).
Der Gruppenanspruch lässt keinen individuellen Handlungsspielraum zu (z. B. Herabwürdigung individueller Kritik durch die Gruppe).	• Schutz der individuellen Rechte gegenüber Ansprüchen der Gruppe. • Prinzipielle Anerkennung individueller Abweichung von der Gruppennorm durch Öffnung für »unliebsame« Meinungen mit dem Ziel der Integration.
Die Rahmenbedingungen (Ort, Arbeitsmittel, Störungen von außen) sind unzureichend.	• Fortlaufende Optimierung der Rahmenbedingungen.

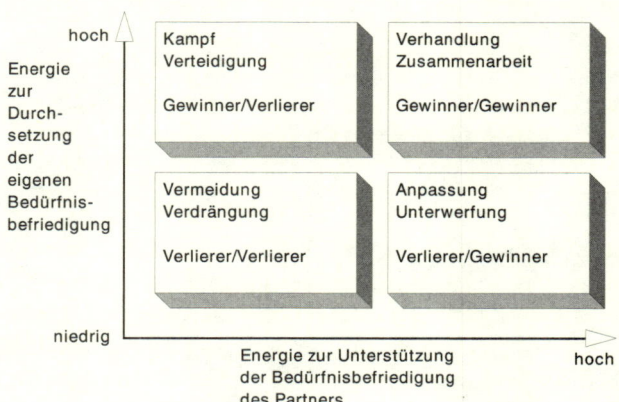

Abbildung 12: Konflikte können, je nachdem wie viel Energie für die jeweilige Bedürfnisbefriedigung der Konfliktparteien aufgewendet wird, gewinn- oder verlustbringend für die Parteien sein (nach Doppler u. Lauterburg 1995)

Als Moderator/-in sollten Sie deshalb darauf achten, dass
- Konflikte nie unbehandelt bleiben,
- Verhandlungssituationen bewusst geschaffen werden, und zwar dergestalt, dass die Konfliktparteien ungestört und gesondert von den laufenden Arbeitsprozessen zusammenkommen können.

Nicht der Konflikt als solcher stellt eine Bedrohung für den Betrieb dar, sondern dessen Nichtbearbeitung!

Visualisierungstechniken

Visualisierungen gewinnen für Arbeitsprozesse und Besprechungen immer mehr an Bedeutung. Zum einen machen komplexere Arbeitszusammenhänge eine visuelle Aufbereitung von Zusammenhängen nötig, zum anderen setzt eine vernetzte Zusammenarbeit mehrerer Personen voraus, dass alle gleichermaßen informiert sind; diese umfassende Informationstransparenz wird durch Visualisierungen unterschiedlichster Art ermöglicht.

So reichen die Visualisierungssysteme von einfachen stichwortartigen Zusammenfassungen am Flipchart bis hin zu komplexen Schaubildern, mit denen Zusammenhänge grafisch aufbereitet werden.

Sinn und Zweck von Visualisierungen

Die in Tabelle 10 aufgeführten Arbeitssituationen zeigen die Notwendigkeit von Visualisierungen.

Tabelle 10: Visualisierungen nach Arbeitssituationen

Arbeitssituation	Sinn und Zweck der Visualisierung
allgemein	• Visualisierte Informationen werden besonders leicht und überdauernd im Langzeitgedächtnis abgespeichert; d. h. kontinuierliches Lernen wird gefördert. • Besonders über Visualisierungen können mehrere Menschen zeitgleich und systematisch an einem Thema arbeiten.

Arbeitssituation	Sinn und Zweck der Visualisierung
Einladung zu (temporären) Teamsitzungen (z. B. moderierte Qualitätszirkel)	Ein ansprechendes Layout weckt Interesse und macht das Sitzungsthema plastisch.
Visualisierung des Arbeitsthemas	Ein als Frageform und plastisch formuliertes Thema (als Wandplakat oder per Overhead-Projektion) fördert die Themenzentrierung.
Visualisierung der Tagesordnung	• Schafft ständigen Themenüberblick und fördert so die zeitlich angemessene Behandlung aller Themen. • Durch fortlaufende Markierung des momentanen Themas wird die Themenzentrierung gefördert.
Visualisierte Zusammenfassungen	• Durch stichwortartige Zusammenfassung der wichtigsten Argumente (in Pro, Kontra und Gemeinsamkeiten) können Diskussionen fortlaufend strukturiert werden. • Thematische Wiederholungen werden minimiert. • Eine prinzipielle Versachlichungstendenz entsteht dadurch, dass über die Visualisierung die Beiträge eine besondere Akzeptanz erfahren. • Missverständnisse werden minimiert, da die Inhalte von den Rednern/-innen auf ihre Richtigkeit hin überprüft werden. • Durch das Feld »Gemeinsamkeiten« werden die Argumente gesichert, die dazu dienen, einen Konsens herbeizuführen.
Visualisierte Ursachenanalyse	Das Fischgrät-Modell systematisiert für alle sichtbar die mannigfaltigen Problemursachen.
Visualisierte Zieldefinitionen	Schriftlich fixierte Zieldefinitionen prägen sich besser ein und lassen sich für alle sichtbar in Ablaufpläne einarbeiten.
Visualisierte Ablaufplanung	Über für alle sichtbar und dauerhaft angebrachte Plakate von Ablaufplanungen wird die termingerechte Zusammenarbeit der verschiedenen Mitarbeiter und Arbeitsbereiche gefördert.

Arbeitssituation	Sinn und Zweck der Visualisierung
Visualisierte Entscheidungsprozesse	Entscheidungen werden für alle sichtbar und nachvollziehbar.
Visualisierte Erwartungsanalyse	Die über Metaplan systematisierten und visualisierten Erwartungen ermöglichen den Abgleich der Arbeitsprozesse mit den jeweiligen Interessen.
Präsentation von Arbeitsergebnissen	• fördert die sachgerechte und systematische Evaluation der Ergebnisse durch die Gruppe. • ist die Voraussetzung, um Belohnungswerte zu erfahren (für alle sichtbare Leistung). • liefert die Grundlage für eine gemeinsame Ergebnisdokumentation.
Suche nach Lösungen	Durch visualisiertes Brainstorming oder Zusammenfassungen wird eine möglichst breite Informationsgewinnung als Grundlage der Lösungsfindung gewährleistet.
Bewertung von Problemlösungen	Fördert die Akzeptanz der Lösungen in der gesamten Gruppe.

Arbeiten mit der Pinnwand

Das wichtigste Medium der Visualisierung ist die Pinnwand. Dabei lassen sich folgende Visualisierungselemente unterscheiden:
- Karteikarten in verschiedenen Größen und Farben zum Beschriften,
- Kreise in verschiedenen Farben und Größen für die Zuordnung oder für Betonungen,
- Ovale in verschiedenen Farben und Größen, insbesondere für Überschriften,
- Überschriftenstreifen für Wandzeitungen,
- Klebepunkte für Bewertungen,
- »Konflikt-Blitze« zur Kennzeichnung von Kontroversen und Konflikten,
- »Wolken« zur Visualisierung des Themas.

Bei der Beschriftung der Karten ist auf folgendes zu achten:

- 1 Gedanke pro Karte,
- höchstens 3 Zeilen pro Karte,
- nicht mehr als 7 Worte pro Karte,
- groß (leserlich) schreiben,
- Druckschrift verwenden,
- Buchstaben eines Wortes eng zusammen schreiben,
- Groß- und Kleinbuchstaben verwenden.

Grundtechniken der Pinnwand-Gestaltung

Platzbedarf
Je nach Umfang der Antwortmöglichkeiten können auf der Pinnwand eine oder mehrere Fragen aufgeführt sein, sofern sie zum selben Thema gehören. Es sollte die gesamte Fläche genutzt werden, wobei darauf zu achten ist, dass ca. 30 % der Gesamtfläche frei bleiben (Gefahr der Überfrachtung).

Beachten von Lesegewohnheiten
Prinzipiell wird nach der allgemeinen Lesegewohnheit angeordnet: von links nach rechts und von oben nach unten.

Bilden von Schriftblöcken
Was inhaltlich zusammengehört, sollte als Einheit erscheinen; Unterschiedliches sollte genügend gegeneinander abgesetzt sein.

Weniger ist mehr!
Komplizierte oder überfrachtete Darstellungen verwirren mehr als sie klären und verdeutlichen.

Betonung
Farbe, Schriftgrößen und Formen betonen inhaltliche Schwerpunkte.

Inhaltliche Gewichtung

- **Reihung:** Zur Aufzählung noch nicht gewichteter Elemente.
- **Rhythmus:** Verschiedene Elemente werden regelmäßig angeordnet oder gleiche Elemente wechselnd angeordnet.

– **Dynamik:** Durch die Komposition einzelner Elemente oder Elementgruppen in einen Gesamtzusammenhang lassen sich Abhängigkeiten, Konfliktlinien und spezifische Zusammenhänge darstellen.
– **Liste:** Ordnet nach statischer Abfolge Inhalte.

Abbildung 13 gibt in Anlehnung an Stary (1992) einen Überblick zur inhaltlichen Gewichtung bei der Nutzung einer Pinnwand.

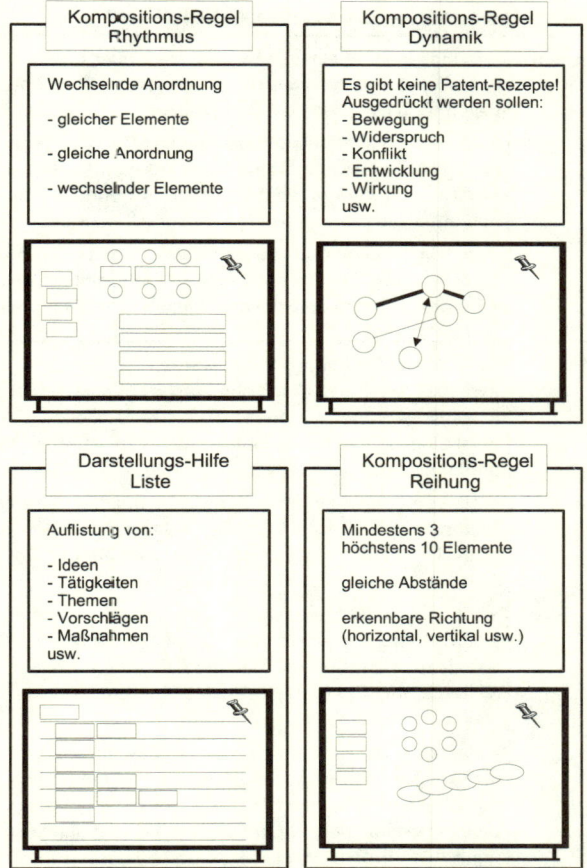

Abbildung 13: Über bewusste Anordnung der Visualisierungselemente können Klarheit und Spannung zugleich erzeugt werden (Stary 1992)

Das Sammeln-Ordnen-Bewerten-Verfahren (S-O-B-Verfahren)

Die Antworttechniken zum Sammeln und Systematisieren von Informationen sind Bestandteil des S-O-B-Verfahrens, das durchgängig bei jeder Informationsverarbeitung angewandt werden sollte.

Tabelle 11: Das S-O-B-Verfahren in der Übersicht

Sammeln	Informationen zu einem Thema werden über Kartenabfragen oder Zuruffragen aus der Arbeitsgruppe eingeholt. Es gelten für diese Phase die Grundsätze:
	• Alle eingebrachten Informationen werden ohne Ausnahme ergebnisgesichert (Via Kärtchen oder Mitschrift); hierbei werden von dem/der Moderator/-in weder Informationen ausgegrenzt noch werden sie kritisch beurteilt.
	• Der/die Moderator/-in hat in dieser Phase auch darauf zu achten, dass seitens der Arbeitsgruppe keinerlei Zwischendiskussionen zu einzelnen eingebrachten Informationen stattfinden.
Ordnen	Die eingeholten Informationen werden für den jeweiligen Zweck (ausgedrückt durch den entsprechenden Inhalt der Abfrage) geordnet. Erarbeiten einer Grundordnung, das heißt einer semantischen Datenorganisation (Clusterbildung) nach der Schrittfolge:
	• Zusammenbringen der gesammelten Begriffe, die identisch sind (z. B. drei gesammelte Kärtchen, auf denen jeweils der Begriff »Konflikt« stehen, werden auf der Pinwand zusammen gesteckt, d. h. geclustert).
	• Hinzufügen der gesammelten Begriffe, die bedeutungsähnlich (synonym) sind zu den bereits zusammen gebrachten identischen Wörtern (z. B. die Kärtchen, auf denen jeweils die Begriffe »Probleme«, »Beziehungsstress« und »betriebliche Kampfesstimmung« stehen).
	• Nachdem die zusammengehörigen Begriffe an je einer Stelle versammelt sind (geclustert), werden die restlichen Kärtchen entweder unter ein eigenes Cluster gefasst oder bereits bestehenden Clustern zugeordnet, zu denen sie begrifflich am Besten passen.
	Die Ordnungsphase ist abgeschlossen, wenn zu den gebildeten Clustern Überschriften hinzugefügt sind.

Bewerten	In dieser Phase werden die gesammelten und systematisierten Informationen über Diskussionen und Erörterungen inhaltlich bewertet.
	Der/die Moderator/-in sollte unbedingt darauf achten, dass diese Bewertungsphase immer *erst am Ende* des S-O-B-Verfahrens stattfindet. Nur dadurch ist gewährleistet, dass die Diskussion auf optimierter Informationsgrundlage (Vollständigkeit und Ordnung der Informationen) stattfindet.

Techniken zum Sammeln von Informationen

Eine Arbeitsziel wird dann sinnvoll festgelegt oder eine Arbeitsaufgabe optimal erledigt, wenn von allen Beteiligten Informationen eingebracht werden, die zur Zieldefinition und Aufgabenerledigung relevant sein könnten. Es gilt das Prinzip: Beste Ergebnisse lassen sich nur auf breiter Informationsbasis erzielen. Informationen können Themen, Fragen, Ideen, Lösungsansätze, Argumente oder Ähnliches sein.

Es gibt zwei *Brainstorming-Techniken*, die sich hierfür besonders eignen:

Kartenabfrage
Es wird eine klar formulierte Frage gestellt, erläutert und an der Pinnwand visualisiert. Es werden an alle Teilnehmenden Präsentationskarten verteilt, um stichwortartig Antworten festzuhalten – gegebenenfalls werden die »Karten-Regeln« erläutert.

Anschließend werden die Karten eingesammelt und an die Pinnwand gepinnt. Alle Aussagen werden gleichwertig behandelt und keine ausgespart. Gegebenenfalls sind die Inhalte zu erläutern; hierbei ist strikt darauf zu achten, dass keine Bewertung in die Erläuterung mit einfließt.

Die Karten können sowohl völlig ungeordnet angepinnt werden als auch in eine Vorsystematisierung gebracht werden (wenn etwa Vorteile und Nachteile einer beabsichtigten neuen Arbeitsmethode abgefragt werden).

■ **Vorteile:**
- Alle Teilnehmenden können sich äußern. Die Möglichkeit, »verdeckt« Antworten zu formulieren, schließt auch die eher Zurückhaltenden in diesen Arbeitsprozess mit ein.
- Durch die unzensierte Sammlung ergibt sich eine breite Informationsgewinnung.

■ **Nachteil:**
- Das Vorgehen erfordert einen relativ hohen Zeitaufwand.

Zuruf-Frage

Es wird eine Frage formuliert und an der Pinnwand visualisiert. Danach ist die Gruppe aufgefordert, mündlich Antworten zu formulieren, die vom Moderator oder einer Co-Moderatorin auf Karteikarten festgehalten und ungeordnet oder vorsystematisiert angepinnt werden.

■ **Vorteile:**
- Geringer Zeitaufwand.
- Durch Zurufe kann es zu Assoziationsbildungen kommen und damit zu umfassenderen Aussagen im Vergleich zur schriftlichen Einzelbearbeitung.

■ **Nachteile:**
- Die Aussagen sind nicht anonym.
- Stillere Teilnehmer können durch Meinungsführer dominiert werden.
- Es kann dadurch leichter zu Bewertungssequenzen kommen, dass spontan auf Aussagen reagiert wird (z. B. über Widersprüche oder Beifallsbekundungen).

Techniken zur Systematisierung von Informationen (Meta-Plan)

Um eingeholte Informationen zu systematisieren bieten sich zwei Visualisierungstechniken an: *Clustern auf Zuruf* (Ordnen nach inhaltlichen Schwerpunkten) und *Themenspeicher* (Sammeln, Ordnen und Bewerten der Inhalte).

Clustern auf Zuruf

In der Ausgangssituation sind alle Karten ungeordnet auf der Pinnwand angebracht. Zunächst werden diejenigen Karten geclustert, die inhaltlich zusammengehören. Danach wird gemeinsam nach Überschriften oder Oberbegriffen für die jeweiligen Cluster gesucht.

Es liegt in der Natur der Sache, dass einige Antwort-Inhalte zunächst falsch zugeordnet sind oder Überschriften treffender formuliert werden können. Letztendlich werden die Inhalte so geclustert sein, dass alle TN das Ergebnis akzeptieren können.

Das Clustern kann bei Zeitmangel auch in einer Pause von vom Moderator oder der Moderatorin erledigt werden.

■ **Vorteile:**
- Die systematisierten Informationen bilden die Grundlage für arbeitsteilige Ablaufpläne (z. B. können einzelne Cluster die Themen für Arbeitsgruppen bilden).
- Bei gemeinsamen Clustern wird die Schwerpunktbildung als Gruppenergebnis und nicht als Vorgabe gewertet.
- Die geclusterten Informationen können als Meta-Plan dienen: Dabei bleibt, während an dem geclusterten Thema gearbeitet wird, dieses für alle sichtbar. Entsprechend kann fortlaufend überprüft werden, ob die Arbeitsprozesse den gesammelten Informationen und der hinzugebrachten Ordnung entsprechen (z. B. Vollständigkeit der zu behandelnden Themen).

■ **Nachteil:**
- Bei vielen Karten und TN ist das Verfahren sehr zeitaufwendig.

Abbildung 14 zeigt ein Beispiel geclusterter Antworten, die gleichzeitig als Meta-Plan verwendet werden können.

Themenspeicher

Abbildung 15 veranschaulicht die Systematisierung von Informationen in einem »Themenspeicher«.

Die TN erstellen gemeinsam eine Auflistung. Es werden Themen, Probleme, beabsichtigte Maßnahmen, Lösungsmöglichkeiten, aber auch offene Fragen, Ergebnisse und Kritikpunkte (»Meckerecke«) in die Liste eingetragen.

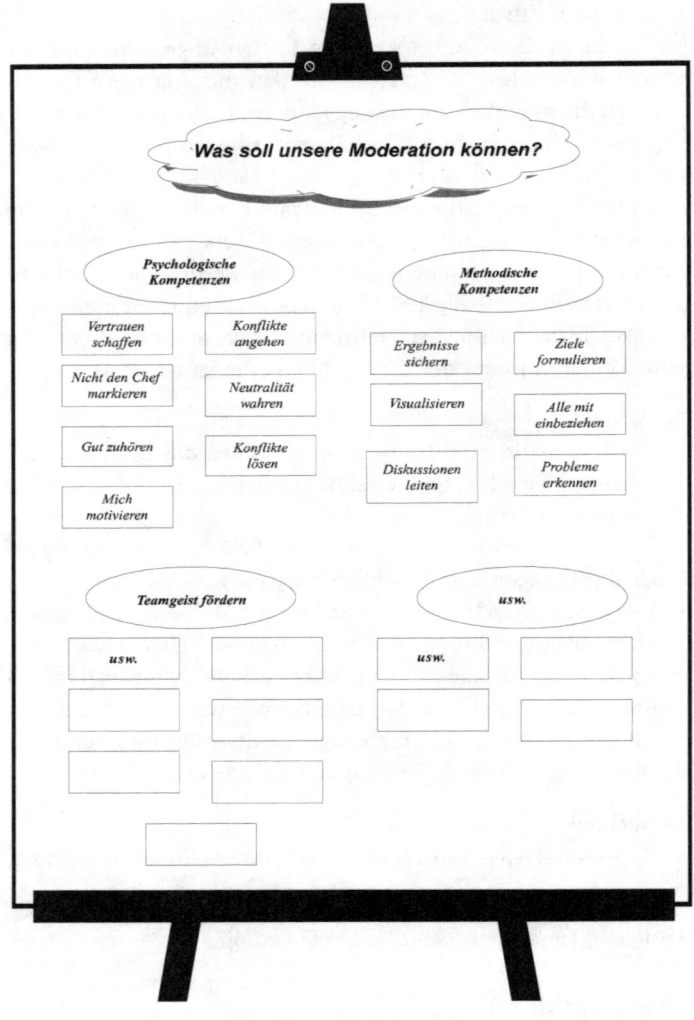

Abbildung 14: Cluster ordnen die eingebrachten Informationen und schaffen so einen Überblick auch über umfassende Datenmengen

Es können auch individuell offene Themen oder Fragen in einen dauerhaft angebrachten Themenspeicher benannt werden, wenn sie während des Arbeitsprozesses entstehen.

Themenspeicher

lfd.Nr.	Thema	Punkte	Rang
1	Fehlerkatalog erstellen	●●● ●	3
2	fehlerhafte Textbausteine sichten	●●● ●●●	1
3	Gesetzesrecherche für richtige Formulierung	●●● ●●●	2
4	korrigierten Text in Datei einarbeiten	●●● ●	4
5	mit anderen Ressorts abgleichen	●● ●	5
6	Texte ganz neu erarbeiten	●	6
7			

Abbildung 15: Systematisches Sammeln und Abarbeiten von Themen ermöglicht die vollständige Behandlung der Themen und vermindert so Informationsverluste

■ **Vorteile:**

- Der Themenspeicher schafft Transparenz.
- Er ermöglicht, dass gemeinsam festgelegt wird, welche Themen in welcher Reihenfolge abgearbeitet werden.
- Er bietet die Grundlage für Maßnahmenpläne.

Maßnahmenplan

Der Maßnahmenplan und die entsprechende Visualisierung sind das wichtigste Instrument zur Sicherstellung reibungsarmer Arbeitsabläufe. Im Maßnahmenplan werden Gruppenergebnisse mit klarer Umsetzungsvereinbarung festgehalten: Wer macht was mit wem bis wann?

Als Ausgangssituation gilt: Die Informationen sind gesammelt und in Form von Clustern unter Überschriften geordnet. Die Überschriften lassen sich nun als Teilziele des Hauptziels auffassen.

Beispiel:
Nehmen wir an, Sie wollen in ihrem Arbeitsbereich die Moderation als regelmäßiges Steuerungsinstrument einführen.
- Als Hauptziel wird zunächst definiert: *Regelmäßige Moderation von Teamsitzungen findet ab dem 2.1.04 statt.*
- Die Frage bei der Informationssammlung lautet: *Wie können wir eine regelmäßige Moderation von Teamsitzungen erreichen?*
- Die Antworten werden über Kartenabfrage stichwortartig gesammelt (pro Gedanke eine Karte) und schließlich geclustert.
- Die Überschriften der Cluster werden sodann in Teilziele umformuliert.
- Diese Teilziele werden anschließend in einen sinnvollen zeitlichen Ablauf gebracht und mit den Namen der Kollegen/-innen oder der Arbeitsgruppen versehen, die die entsprechenden Aufgaben erledigen, um diese Teilziele zu erreichen.
- Sind alle Teilziele in der entsprechenden Zeit realisiert, hat man auch das Hauptziel erreicht – die Sicherstellung regelmäßiger Moderationen von Teamsitzungen.

Standardsystem eines Maßnahmenplans

Durch visualisierte Maßnahmenpläne wird sichergestellt, dass die am Arbeitsprozess Beteiligten den Überblick dahin gehend behalten, wer mit wem bis wann welche Arbeitsziele erreichen soll (s. Abb. 16).

Maßnahmenplan

Ziel:	Konzept "Einarbeitung neuer Kollegen/innen" ist erstellt und mulitpliziert		bis: 15.10.04
lfd.Nr.	**Welches Teilziel?**	**Wer?**	**Von wann bis wann?**
1	Einarbeitungsprobleme sind durch Kollegen- umfrage definiert	Ute	01.04.- 15.04.04
2	Einarbeitungsziele sind bestimmt	Werner/ Karl	15.04.- 15.05.04
3	Einarbeitungsbereiche sind fest gelegt	Ute	15.05.- 15.06.04
4	Ablaufplan für Ein- arbeitung ist erstellt	Hans	15.06.- 01.08.04
5	Zuständigkeiten für Ein- arbeitung sind fest gelegt	Daniela	01.08.- 08.08.04
6	Konzept ist schriftlich fixiert	Sekre- tariat	08.08.- 15.08.04
7	Konzept ist in Beleg- schaft multipliziert	Ute/ Werner	15.08.- 15.10.04

Abbildung 16: Schema eines Maßnahmenplans

Empfehlungen für die Arbeit an der Pinnwand

Arbeiten Sie am besten mindestens *mit zwei Pinnwänden,* da Sie so aufgrund der Kombinationsmöglichkeiten die Vorder- und Rückseiten optimal nutzen können. *Stellen* Sie die aktuell zu be- arbeitende *Pinnwand* so auf, dass die Teilnehmenden in U-Form um die Wand platziert sind und alle einen freien Blick und Sie genügend Bewegungsspielraum haben.

133

Bespannen Sie die Pinnwand grundsätzlich *mit Pinnwand-Papier.*

Versehen Sie jede Wandfläche mit einer Überschrift (entweder als Frage oder das Thema benennend).

Stellen Sie die *Pinnwand* in aller Regel linker Hand von sich auf und zeigen Sie auf die jeweiligen Kärtchen mit der Hand, so dass die Handinnenfläche zu den TN zeigt. Diese Grundhaltung bewirkt, dass die Inhalte (den Lesegewohnheiten folgend von links nach rechts) über die Blickbewegung: Moderator/-in – offene Handinnenfläche – Kärtcheninhalt aufgenommen werden.

So stellen Sie sicher, dass Sie im Zentrum des Geschehens bleiben. *Vermeiden* Sie bitte Zeigestäbe, da diese leicht einen »Oberlehrerduktus« implizieren.

Halten Sie kontinuierlich *Blickkontakt* mit den TN. Achten Sie darauf, dass *keine* »toten Winkel« entstehen, indem Sie zu weit vor der Pinnwand stehen. Achten Sie insbesondere darauf, dass Sie nicht sprechen, während Sie der Wand zugewandt arbeiten.

Verwenden Sie bei der Kärtchenabfrage in der Sammlungsphase (Brainstorming) keine Signalfarben, sondern gedeckte Farben; heben Sie sich die signalfarbenen Kärtchen für die Clusterüberschriften oder für Hervorhebungen auf.

Vermeiden Sie ein Vorclustern schon während der Brainstorming-Phase – auch wenn dies wegen der Zeitersparnis verlockend erscheint.

Ein Vorclustern bewirkt, dass Sie sich zu früh auf bestimmte Kategorien festlegen und Gefahr laufen, Inhalte bestehenden Kategorien zuordnen, obwohl diese zusammen eine eigene Kategorie bilden könnten.

Gehen Sie daher immer erst nach der Sammlungsphase zum *Clustern* über. Am effizientesten ist folgendes Vorgehen:

1. Halten Sie Ausschau nach *Kärtchen mit identischen Begriffen* (z. B. drei Kärtchen, auf denen »Kostenermittlung« steht) und pinnen Sie die jeweils gleichlautenden Begriffe so nahe zueinander, dass sie zwar als zusammengehörig zu erkennen sind, jedoch keine der Karten von anderen verdeckt wird.
Sortieren Sie auch keine der gleichlautenden Karten aus, da Teilnehmende dies als Zurücksetzung empfinden könnten,

wenn sie ihre eigenen Kärtchen an der Pinnwand nicht mehr wiederfinden.

2. Wenn Sie keine identischen Begriffe mehr finden, halten Sie nach *bedeutungsähnlichen Begriffen (Synonymen)* Ausschau und pinnen Sie diese zu den betreffenden Gruppen (z. B. zu den Kärtchen mit dem Inhalt »Kostenermittlung« die Kärtchen »Wie teuer wird das?« und »Kostenfrage«).

3. Sehen Sie sich nun die *verbliebenen Kärtchen* an und überprüfen Sie, ob diese den bereits bestehenden Kartenhaufen zugeordnet werden können oder ob eine (oder mehrere) weitere Kategorie(n) gebildet werden muss (müssen).

4. Falls Sie das eine oder andere *Kärtchen nicht zuordnen können*, ist das unschädlich – heften sie es an die Seite, aber entfernen Sie es nicht.

5. Nachdem Sie alle zuordenbaren Kärtchen zu Clustern zusammengeführt haben, überlegen Sie sich für die Cluster eine *stichwortartige Überschrift*. Schreiben Sie diese auf ein signalfarbenes Kärtchen und pinnen es über das Cluster.

6. Wenn das Ergebnis des Clusterns von den TN akzeptiert ist, entfernen Sie die Pinn-Nadeln und *kleben die Kärtchen auf das Pinnwand-Papier* – jetzt können Sie das fixierte Ergebnis abnehmen und die Fläche steht Ihnen wieder zur Verfügung.

Achten Sie beim *gemeinsamen Clustern mit den TN* darauf, dass diese nicht schon die einzelnen Kärtchen inhaltlich bewerten, da dies zu hohen Zeitverlusten und Unmut führt; allein die pragmatische Zuordnung nach Begriffen (und nicht danach, wie man den Begriff hinsichtlich des Themas bewertet) ist gestattet.

Ordnen Sie Inhalte, die einen Vorgang betreffen, mittels Flussdiagrammen. Sammeln Sie hierfür zunächst die Inhalte, die diesen Vorgang ausmachen über Brainstorming. Bestimmen Sie dann die Anfangs- und Endpunkte des Vorgangs. Verbinden Sie die Inhalte (Phasen) mit Pfeilen auf dem Pinnwand-Papier. Falls sich der Vorgang verzweigt (Vorgangsweichen), machen Sie dies über eine Ja/Nein-Weiche deutlich. Abbildung 17 zeigt ein Beispiel für ein Flussdiagramm mit Weiche.

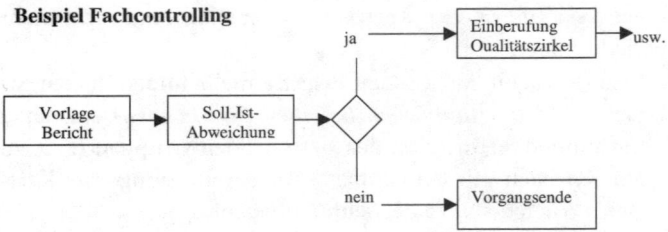

Beispiel Fachcontrolling

Vorlage Bericht → Soll-Ist-Abweichung → ◇

ja → Einberufung Qualitätszirkel → usw.

nein → Vorgangsende

Abbildung 17: Flussdiagramm mit Weiche

Arbeiten mit dem Flipchart

Die Arbeit mit dem Flipchart eignet sich besonders für kleine Gruppen (3 bis ca. 12 Personen).

■ **Vorteile:**
- Die Darstellung kann vorbereitet sein oder situativ entwickelt werden.
- Darstellungen können wieder verwendet werden, indem man zu der entsprechenden Stelle zurückblättert.
- Die Darstellungen können durch Heraustrennen aus dem Block und Anbringen an der Wand während der gesamten Zeit sichtbar bleiben.

■ **Nachteile:**
- Für Veranstaltungen mit mehr als 20 Personen ist die Visualisierungsfläche zu klein.
- Darstellungen auf dem Flipchart sind fixiert; anders als bei der Pinnwand können die Inhalte nicht fortlaufend neu geordnet oder entfernt werden.
- Flipcharts ohne Rollen sind schwer und sperrig umzustellen.

Arbeiten mit dem Overhead-Projektor oder Video-Beamer

Das Arbeiten mit dem Overhead-Projektor ist mittlerweile weit verbreitet. Nicht nur vorgefertigte Folien können eingesetzt werden; die meisten Projektoren haben Folienrollen, auf die mit spe-

136

ziellen Overhead-Stiften laufend Informationen visualisiert werden können.

Es ist jedoch zu beachten, dass innerhalb von etwa 20 Minuten nur eine einzige Folie aufgelegt werden sollte, wenn diese hinsichtlich der Datenmenge voll ausgeschöpft ist.

Der Mensch ist in der Regel nicht in der Lage, in kürzeren Zeitabständen ein Mehr an Informationen aufzunehmen, da sein Kurzzeitspeicher nicht mehr Informationen verarbeiten kann.

Praktische Tipps zur Durchführung

- Im Sinne eines optimierten didaktischen Vorgehens sollte nach Ablaufmanuskript verfahren werden.
- Für spontane Änderungen können Rollenfolien benutzt werden.
- Bei schrittweiser Behandlung der Daten auf der Folie sollten nur die Informationen sichtbar sein, die gerade behandelt werden, die anderen Inhalte können mit einem Blatt abgedeckt werden.
- Der Overhead-Projektor sollte erst dann eingeschaltet werden, wenn die Folie aufliegt.
- Während der Präsentation sollte möglichst von der aufliegenden Folie abgelesen werden, nicht von der Leinwand.
- Den Blickkontakt zum Publikum halten.
- Verwenden Sie einen Kugelschreiber und legen ihn auf die gerade behandelten Inhalte oder zeigen Sie mit der Hand (Handinnenfläche dem Publikum zugewandt) auf die Projektion.
- Die Folienanzahl ist gering zu halten (max. 3 Folien in 60 Minuten).
- Wird nicht am Projektor gearbeitet wird, sollte man sich zu den Teilnehmer/-innen setzen.

Zur Vorbereitung und Durchführung einer Präsentation mittels Overhead-Projektor verwenden Sie die im Anhang enthaltene Checkliste.

Bei der *Präsentation mit einem Video-Beamer* gelten die gleichen Grundsätze wie bei der Arbeit mit einem Overhead-Projektor. Bei einem Video-Beamer sollten folgende Aspekte bedacht werden:

- Arbeiten Sie mit *Fernbedienung* und falls nötig, mit *tragbarem* Mikrofon.
- Schalten Sie den Bildschirmschoner bei Präsentationen aus und lassen Sie den Bildschirm blau, anderenfalls könnten die TN durch den Bildschirmschoner abgelenkt werden.
- Minimieren Sie elektronische Effekte. Zu viele Geräuscheffekte oder zu viel Bewegung im Bild lenken von den zu vermittelnden Inhalten ab. Als Grundregel gilt: Jeder Effekt und jede Bewegung im Bild sollte nur dann eingesetzt werden, wenn ein zusätzlicher Erkenntnis- oder Aufmerksamkeitseffekt erzielt wird.
- Geben Sie Ihren Präsentationsdateien prägnante Namen, damit Sie sie schnell und sicher voneinander unterscheiden können und ordnen Sie die Dateien nach der Systematik Ihres Ablaufplans.

Moderation von Qualitätszirkeln

Qualitätszirkel sind ein Instrument des Qualitätsmanagements. Durch Qualitätszirkel sollen Probleme aus den Arbeitsbereichen einer konkreten Lösung zugeführt werden. Dabei geht es um Qualitätsverbesserungen sowohl der Arbeitsprozesse (Prozessqualität), der Beziehungen der Mitabriter/-innen untereinander (Beziehungsqualität) sowie der Produkt- oder Dienstleistungsqualität (Ergebnisqualität).

Qualitätszirkel wurden in den 1950er Jahren von amerikanischen Experten nach Japan gebracht. Während in den hoch arbeitsteiligen Fertigungsmethoden der US-Wirtschaft dieses Instrument bis dahin kaum Verbreitung fand, wurden Qualitätszirkel in dem ganzheitlich ausgerichteten Qualitätsmanagement japanischer Unternehmen angenommen.

Heute findet man in fast allen Unternehmen Japans Qualitätszirkel als Qualitätssicherungsinstrument – eine erstaunliche Entwicklung, seit 1962 bei der »Nippon Telephone und Telegraph Corp.« der erste Qualitätszirkel durchgeführt wurde (Staehle 1998).

Seit Anfang der 1980er Jahre haben sich Qualitätszirkel in der Bundesrepublik stark verbreitet: 1986 führten bereits 48 % der 100 umsatzstärksten deutschen Industrieunternehmen Qualitätszirkel durch und 10 % der Unternehmen befanden sich in der Planungsphase (Rischa u. Titze 1994).

1982 fand der erste von inzwischen jährlich tagenden Quality Circle-Kongressen in der Bundesrepublik Deutschland statt und seit 1986 existiert eine Deutsche Quality Circle Ges. e. V. (DQCG).

Qualitätszirkel beschränken sich nicht allein auf Problemlösungen in der Produktion. Auch unternehmensinterne Verwaltungen, Marketing-, Forschungs- und Entwicklungsbereiche, aber auch Öffentliche Verwaltungen greifen immer mehr auf dieses Qualitätsentwicklungsinstrument zurück.

So arbeiten seit Mitte der 1990er Jahre die zu fach- und ressourcenverantwortlichen Leistungszentren reformierten Berliner Verwaltungen mit Qualitätszirkeln innerhalb eines systematischen Qualitätsmanagements (Verwaltungsreform-Grundsätze-Gesetz, § 7 Qualitätssicherung), aber auch Bundesbehörden wie die Bundesversicherungsanstalt für Angestellte qualifizieren seit längerem ihre Mitarbeiter in der Moderation von Qualitätszirkeln und entwickeln ihr Qualitätsmanagement auf sehr hohem Niveau entsprechend weiter.

Was ist ein moderierter Qualitätszirkel?

Während eine allgemeine Moderation Leistungen wie Ergebnisorientierung, Motivieren, Visualisieren und Konfliktbehandlung erbringt, hat die Moderation von Qualitätszirkeln insbesondere eines zu leisten: *Die Vorstrukturierung, Begleitung und Nachbereitung von Problemlösungsprozessen.*

Ein Qualitätszirkel ist eine Kleingruppe von 6 bis 8 Mitarbeitern aus einem oder mehreren Arbeitsbereichen. Ein Qualitätszirkel

– findet sich freiwillig zusammen,
– wird von einem/r Moderator/-in begleitet,
– arbeitet in ca. 3–4 regelmäßigen Sitzungen jeweils 2–3 Stunden lang,
– greift Probleme aus dem Arbeitsbereich auf,
– erarbeitet Lösungsvorschläge,
– präsentiert diese Entscheidungsträgern,
– wirkt in der Regel bei der Umsetzung bewilligter Lösungen (beratend) mit und
– löst sich als Zirkel nach Vorlage eines Ergebnisses auf.

Für die Moderation bedeutet dies, dass insbesondere die Gruppendynamik *temporärer* Arbeitsgruppen zur Wirkung kommt

und die speziellen Moderationsansätze und -instrumente umzusetzen sind.

Im Zentrum steht das Problemlösungsverfahren dergestalt,
dass am Ende eines erfolgreichen Zirkels ein Vorschlag steht (es
können auch Alternativvorschläge angeboten werden), der über
einen *Maßnahmenplan* so konkret ist, dass die Mitarbeiter/-innen
des betroffene Arbeitsbereichs genau wissen, wer mit wem bis
wann was genau zu erledigen hat, um das Problem schrittweise zu
lösen.

Das gesamte Problemlösungsverfahren zielt damit auf einen
konkreten Maßnahmenplan.

Einbindung von Qualitätszirkeln
in die Betriebsorganisation

Damit Qualitätszirkel unmittelbar dann ins Leben gerufen werden können, wenn Probleme auftauchen, sind die Zirkel als tem-
poräre Problemlösungsgruppen in die jeweilige Aufbau- und Ab-
lauforganisation eines Betriebes einzupassen. Die beste Wirkung
entfaltet ein Qualitätszirkel, wenn er in ein systematisches Qualitätsmanagement eingebunden ist.

In diesem Zusammenhang kann nicht auf die vielfältigen Aspekte eines modernen Qualitätsmanagements eingegangen werden; deshalb sei hier nur der grundlegende Organisationszusam-
menhang beschrieben, in den ein Qualitätszirkel einzubinden ist,
soll er zeitnah auftauchende Problemen bearbeiten können.

1. **Entscheidung der Unternehmensleitung für die Einführung
   von Qualitätszirkeln**
   Eine grundsätzliche Entscheidung der Unternehmensspitze ist
   notwendig, da Qualitätszirkel interdisziplinär arbeiten. Eine
   solche Entscheidung sollte mit einer konkreten Auftragsertei-
   lung zur Qualifizierung von Moderatoren und Moderatorinnen und der terminierten Implementierung der notwendigen
   organisatorischen Strukturen einhergehen.
2. **Qualifizierung von Moderatoren und Moderatorinnen für
   Qualitätszirkel**

Um Qualitätszirkel durchführen zu können, sind Mitarbeiter/-innen in Moderationskompetenzen auszubilden. Während es ohne Weiteres möglich ist, sich die allgemeinen Moderationskompetenzen autodidaktisch anzueignen, sollten die speziellen Moderationskompetenzen für die Problemlösungsverfahren im Zirkel durch eine mindestens dreitägige Fortbildung vermittelt werden (für Mitarbeiter/-innen ohne Vorerfahrungen in Moderation sind mindestens fünf Fortbildungstage empfehlenswert).

Abgesehen von sehr kleinen Betrieben sollten für den Einsatz von Qualitätszirkeln mindestens zwei Mitarbeiter/-innen ausgebildet werden, damit beide einander unterstützen und vertreten können.

3. Implementierung einer Organisationsstruktur »Qualitätszirkel« (QZ-System)

Damit Qualitätszirkel arbeiten können, müssen (a) zunächst die Probleme aus den Arbeitsbereichen erkannt, benannt und (b) von der Organisation aufgegriffen werden. Sind die jeweiligen Probleme von einer Organisationseinheit (einem Steuerungsgremium) aufgegriffen, kann der jeweilige Zirkel (c) ins Leben gerufen werden und über den Problemlösungsprozess das Problem einer konkreten planerischen Lösung zuführen. Das Steuerungsgremium ist somit das organisatorische Zentrum des QZ-Systems.

4. Zirkelkarten zum Erkennen und Benennen von konkreten Problemen

Um die Erfassung von Problemen zu erleichtern, bieten sich so genannte Zirkelkarten an (siehe folgenden Abschnitt zur Durchführung eines Qualitätszirkels). Diese Karten sollten von den Mitgliedern der Steuerungsgruppe mit freundlichem Layout entworfen und in den Arbeitsbereiche mit den entsprechenden Informationen verteilt werden (etwa über eine Informationsveranstaltung zum Thema, bei der die Zirkelkarten mit der Aufforderung, Probleme aufzuschreiben, verteilt werden).

5. Das Steuerungsgremium als Zentrum kontinuierlichen Problemlösens im QZ-System

Das Steuerungsgremium initiiert, unterstützt und fördert das gesamte QZ-System. Es sammelt die (über Zirkelkarten eingegangenen) Probleme und beruft Qualitätszirkel ein. Das Steuerungsgremium sollte personell so besetzt sein, dass alle am Qualitätssicherungsprozess beteiligten Personengruppen repräsentiert sind. Für ein mittelständisches Unternehmen empfiehlt sich die folgende Zusammensetzung des Steuerungsgremiums.

- *Ein Koordinator.* Sie oder er fungiert als Bindeglied zwischen den Qualitätszirkeln und dem Steuerungsgremium und sollte im Betrieb als Autoritätsperson angesehen und anerkannt sein. Der/die Koordinator/-in sorgt für die Ressourcen aller Qualitätszirkel und unterstützt die Zirkelteilnehmer in der Abstimmung der Zirkelarbeit mit ihren angestammten Tätigkeiten (z. B. Unterstützung bei Vertretungsregelungen für die Zirkelarbeit). Bei Bedarf bedient er oder sie sich der Unterstützung externer oder interner Experten, so zum Beispiel beim weiterführenden Training von Moderatoren/-innen oder bei der Beschaffung von fachlichem Know-how (z. B. zu Methoden statistischer Erhebungen).

- *Die ausgebildeten Moderatoren/-innen für Qualitätszirkel.* Die Moderatorinnen und Moderatoren können insbesondere durch ihre entwickelte Problemlösungskompetenz Entscheidungshilfen bieten, wenn es um die Frage geht, ob ein bestimmtes Problem lösbar ist und welchen Umfang der Problemlösungsprozess in Anspruch nehmen dürfte.

- *Ein Vertreter des Managements.* Die Beteiligung einer Führungsperson ist aus Gründen der betrieblichen Akzeptanz der Qualitätszirkelarbeit und aus Gründen der Legitimität der Entscheidungen im Gremium sehr wünschenswert.

- *Ein Vertreter des Betriebs- oder Personalrats.* Um in der Belegschaft die Akzeptanz der Qualitätszirkelarbeit zu sichern und die mit Problemlösungsprozessen einhergehenden Mitwirkungsrechte der Räte sicherzustellen und effizient zu gestalten, sollten die gesetzlich verfassten Gremien im Rahmen vertrauensvoller Zusammenarbeit systematisch von Anfang an eingebunden sein.

- *Vertreter anderer Funktionsbereiche wie etwa Gleichstellungsbeauftragte oder Schwerbehindertenvertretung.* Vertreter/

-innen in derartigen Funktionen sollten Mitglied des Steuerungsgremiums sein, um über die Begleitung der Qualitätszirkel schon im Vorfeld auf strukturelle Schwächen des Betriebes aufmerksam machen zu können (z. B. strukturelle Benachteiligung von Frauen).

- *Ein Qualitätsbeauftragter.* Gibt es in einem Betrieb oder einer Verwaltung einen Qualitätsbeauftragten, sollte diese/r unbedingt Mitglied des Gremiums sein, um das QZ-System mit anderen Qualitätssicherungsinstrumenten fortlaufend abstimmen zu können.
- *Delegierte aus den wichtigsten Organisationseinheiten.* Zumindest sollte ein Delegierter aus dem betriebsinternen Verwaltungsbereich (z. B. Finanzbuchhaltung, Personalstelle) und ein Delegierter aus dem Produktions- oder primären Dienstleistungsbereich Mitglied des Gremiums sein.

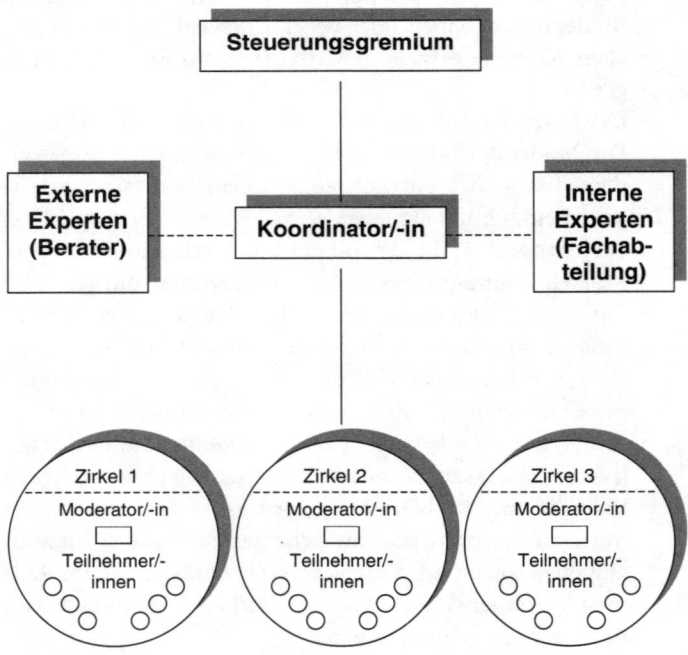

Abbildung 18: Struktur eines Qualitätszirkel-Systems (nach Staehle 1999, S. 727)

144

Die Zahl der ständigen Mitglieder des Steuerungsgremiums sollte höchstens 12 Personen betragen. Innerhalb dieser Größenordnung kann sich ein Gremium ohne weitere Untergliederung selbst ergebnisorientiert als Arbeitsgremium steuern.

6. Initiierung von Qualitätszirkeln

Das Steuerungsgremium initiiert über seine/n Koordinator/-in oder einen seiner Moderatoren/innen die entsprechenden Qualitätszirkel (zur Struktur eines Qualitätszirkel-Systems siehe Abb. 18).

Durchführung eines Qualitätszirkels

Erkennen des Problems

Kollegen/-innen aus einem Arbeitsbereich stellen fest, dass ihre Arbeitsabläufe beeinträchtigt sind. Das Problem lässt sich identifizieren und wird auf einer »Zirkelkarte« festgehalten. Diese Karten sind Vordrucke, mit denen definierte Probleme erfasst werden; ebenso enthalten sie Angaben zu denjenigen, die an der Lösung interessiert sind und in einem Zirkel mitarbeiten würden. Eine ausgefüllte Zirkelkarte wird an das Steuerungsgremium gegeben.

Problemsammlung und Problemauswahl

Die definierten Probleme werden vom Steuerungsgremium gesammelt und auf ihre Lösbarkeit hin beurteilt. Übersteigt die Problemlösungsnachfrage die Bearbeitungskapazitäten, so wird eine Auswahl nach (zeitlicher) Dringlichkeit, (inhaltlicher) Wichtigkeit und Erfolgswahrscheinlichkeit einer Lösungsfindung vorgenommen.

Werden Zirkelkarten abgelehnt oder kommen sie in eine Warteschleife, so werden in jedem Falle diejenigen, die das Problem eingebracht haben, schriftlich über die Gründe informiert.

Ist eine prinzipielle Lösbarkeit für ein Problem gegeben, so wird ein/e Moderator/-in beauftragt, einen Qualitätszirkel einzurichten.

Planung der Arbeitsgruppe

Es empfiehlt sich, eine derartige Zusammenkunft von Beginn an zu moderieren. Dabei lassen sich folgende *Moderationstechniken* anwenden:
- Warming up-Phase,
- Ablaufbeschreibung,
- Erwartungsanalyse zum Qualitätszirkel,
- Grobplanung und erste Terminabsprachen.

Aufgabe für die Moderation nach dieser Vorbesprechung ist es, eine Feinplanung zu erarbeiten, die nach jeder Sitzung aktualisiert wird.

Problemdefinition

Die Problemdefinition ist die erste und *wichtigste Phase* im Zirkel. Nur wenn eine konkrete und zutreffende Erfassung des Problems gelingt, kann der Zirkel zu einer Lösung gelangen. Ist das Problem etwa zu allgemein, mehrdeutig oder vermeintliche Lösungen vorwegnehmend definiert, fehlt die Grundlage für die weitere Arbeit. Nehmen Sie sich daher genügend Zeit für diese Phase und überprüfen Sie anhand der folgenden Kriterien, ob das Problem hinreichend definiert ist:

Ist das Problem als Mangel formuliert?
Fehlt diese Perspektive, ist oft schon die vermeintliche Lösung in der Problemdefinition enthalten. Gerade das aber ist die Leistung des moderierten Qualitätszirkels, keine vorschnellen Lösungen anzubieten, sondern tragfähige und konkret umsetzbare. Die Formulierung etwa: »Wir brauchen endlich eine Geschwindigkeitsbegrenzung« nimmt eine Lösung für das Problem »Wir müssen im letzten Jahr eine Steigerung der Verkehrsunfälle auf bundesdeutschen Straßen um 10 % feststellen« vorweg.

Ist das Problem konkret formuliert?
Nur konkret erfasste Sachverhalte lassen sich ändern. Die Ein-

grenzung des definierten Problems mit Offenen Fragen sollte in jedem Fall vorgenommen werden:
- Was ist problematisch?
- Welches Ausmaß hat das Problem?
- Wo tritt das Problem auf?
- Wer ist daran beteiligt?
- Seit wann tritt es auf?
- Wie oft tritt es auf?

Erhalten Sie auf diese Fragen konkrete Antworten, so ist auch Ihr Problem konkret definiert; falls nicht muss nachgebessert werden.

Ist das Problem »eineindeutig« formuliert?

Eineindeutigkeit heißt, dass das Problem so formuliert ist, dass es immer nur so verstanden werden kann, wie es gemeint wurde. Machen Sie daher den Test: Versuchen Sie, Ihre Formulierung bewusst anders verstehen zu wollen als sie gemeint ist. Lässt Ihre Formulierung dieses Missverstehen zu, so formulieren Sie um, damit es nicht zu Missverständnissen kommt.

Ist das Problem präzise formuliert?

Die Problemdefinition sollte nicht mehr als einen Satz umfassen, damit der Sachverhalt einprägsam und operationalisierbar bleibt. Durchforsten Sie daher die Formulierung nach überflüssigem sprachlichen Beiwerk.

Lässt sich die Problemdefinition durch Daten aus dem betroffenen Arbeitsbereich bestätigen?

Um das Problem noch exakter zu fassen und die eigene Perspektive objektiv bestätigen zu lassen, sollten vor der Ursachenanalyse problemrelevante Informationen und Daten aus dem betroffenen Arbeitsbereich eingeholt werden. Dazu bedarf es eines Maßnahmenplans: Wer holt welche Daten mit wem wo und bis wann ein?

Als Datenerhebungsverfahren bieten sich an:
- Umfragen,
- Expertengespräche,
- Literaturstudium,

147

- Histogramm (Strichliste zur Spezifizierung von Häufigkeiten),
- Kartenwoche.

Als *Moderationstechnik* kommt ein Maßnahmenplan in Frage, die Aufgabe des *Moderators oder der Moderatorin* besteht in der Beratung derjenigen, die die Daten erheben.

Ursachenanalyse

Die Ursachenanalyse ist die schwierigste Phase der Problemlösung. Beim Angehen von Alltagsproblemen werden mögliche Ursachen häufig einfach außer acht gelassen und reflexartig Lösungen entworfen. Oder aber es wird nach offensichtlichen Ursachen gefragt, nicht aber nach den *Ursachen der Ursachen.*

Eine oberflächliche Ursachenanalyse ist meist der Hauptgrund für nicht tragfähige Lösungsversuche und äußert sich bisweilen in blindem Aktionismus. Nur wenn diejenigen, die mit der Problemlösung befasst sind, bis zu den Ursachen der Ursachen vorgedrungen sind, können sie durch Behebung dieser eigentlich auslösenden Umstände eine tragfähige Lösung finden und entsprechende Maßnahmen in die Wege leiten.

Haben Sie die Problemdefinition durch eine Datenerhebung bestätigt bekommen oder optimiert, so können Sie nun über das »Fischgrät-Modell« (siehe S. 72) systematisch die Ursachenanalyse betreiben. Ziehen Sie dabei die Ausführungen zur pragmatischen Vorgehensweise bei der Ursachenanalyse im Kapitel »Ergebnisorientierte Moderation« (S. 64 ff.) zu Rate.

Damit die Ursachenanalyse zeitlich bewältigt werden kann, bietet sich das ausdifferenzierte Sammeln-Ordnen-Bewerten-Verfahren an (s. S. 126 f.).

Strategische Zieldefinition

Zunächst gilt es, das strategische Ziel zu definieren, also die Frage zu beantworten, *was* erreicht werden soll. In dieser Phase wird erkennbar, wie wichtig eine gründliche Ursachenanalyse ist: Denn nun können die Hauptursachen (die jeweiligen Ursachen der Ursachen in den Bereichen des Fischgrät-Modells) zu einer Hauptursache synthetisiert werden.

Anschließend wird die identifizierte Hauptursache in den erwünschten Zustand umdefiniert. Aus dem negativ konnotierten Problem ist als strategisches Ziel ein als positiv empfundener Zustand abgeleitet worden (die Negativformulierung ist in eine Positivformulierung umgewandelt).

Bei der Definition des Ziels kommen die Kriterien der »Pragmatischen Zielformulierung« zum Tragen (s. S. 76). Das nunmehr formulierte strategische Ziel ist fortan Orientierungspunkt für alle weiteren Problemlösungsschritte.

Operante Zielzergliederung

Nachdem klar ist, was erreicht werden soll, geht es darum, herauszuarbeiten, *wie* das strategische Ziel erreicht werden soll. Hierfür wird das strategische Ziel in mehrere Teilziele (operante Ziele) zergliedert. »Operant« deshalb, weil Teilziele konkrete Arbeitsziele darstellen, mit deren schrittweisen Erreichen das strategische Ziel näher kommt.

Die Zielzergliederung erfolgt durch eine systematische *Aufgabenanalyse* und die anschließende *Aufgabensynthese*.

■ Aufgabenanalyse

1. Visualisieren Sie Ihr strategisches Ziel klar und deutlich an der Pinnwand.
2. Schreiben Sie folgende Frage unter das strategische Ziel: *Welche konkreten Aufgaben und Teilaufgaben müssen erledigt werden, um unser strategisches Ziel zu erreichen?*
3. Teilen Sie Kärtchen aus, um die unter 2. genannte Frage beantworten zu lassen. Geben Sie den deutlichen Hinweis an die Zirkelteilnehmer/-innen, dass auch die kleinsten Aufgaben oder Tätigkeiten auf Kärtchen stichwortartig festgehalten werden sollen – je mehr konkrete Aufgaben/Tätigkeiten Sie sammeln, um so besser ist die Grundlage für die weiteren Arbeitsschritte.
4. Sammeln Sie die beschrifteten Kärtchen ein und pinnen Sie diese ungeordnet an die Pinnwand.

149

■ **Aufgabensynthese**

1. Ordnen Sie nun mit den TN die gesammelten Aufgaben nach folgender Frage: *Zu welchen Aufgabenbereichen sollen die Einzelaufgaben sinnvollerweise zusammengefasst werden?*

2. Nachdem Sie gemeinsam die Einzelaufgaben geclustert haben, versehen Sie die Cluster mit Überschriften. Die Überschriften bezeichnen die Aufgabenbereiche (z. B.: »Inhalt Ordner überprüfen«; »neue Ordner anlegen«; »Aktentrennblätter kaufen«; »Büro reorganisieren«; »EDV-erfasste Vorgänge«; Aufgabenstichwörter könnten mit der Überschrift »Registratur an neues Aufgabengebiet anpassen« versehen werden).

Formulieren Sie nun die Überschriften in Ziele um – beachten Sie bitte auch hier die Kriterien für tragende Zieldefinitionen.

Erstellung eines Maßnahmenplans

Die logistische Hauptarbeit haben Sie hinter sich gebracht. Nun geht es abschließend darum,

– die operanten Ziele in eine zeitlich sinnvolle Ordnung zu bringen,
– die operanten Ziele zu terminieren,
– diejenigen Stellen oder Personen zu bestimmen, die sinnvollerweise die einzelnen Arbeitsziele über Aufgabenerledigung erreichen. Bedenken Sie dabei, dass die Bestimmung der Stellen oder Personen lediglich ein Vorschlag des Zirkels ist; letztlich sollte der vom Problem betroffene Arbeitsbereich selbst bestimmen, wer an welchen Aufgaben arbeitet.

Verwenden Sie hierfür die Maske des Maßnahmenplans (s. S. 133). Mit der präsentablen Erstellung des Maßnahmenplans hat der Zirkel das Problem planerisch gelöst.

Der letzte Arbeitsschritt des Zirkels besteht darin festzulegen, wer aus dem Zirkel die Ergebnisse den Entscheidungsträgern präsentiert. Auch für diese Phase bietet es sich an, einen Maßnahmenplan zu erstellen, wer welche Aufgaben mit wem bis wann erledigt, um das strategische Ziel (z. B.: »Die Ergebnisse des Zirkels sind dokumentiert und den Entscheidungsträgern bis zum 30.11.04 präsentiert«) zu erreichen.

Gesamtdokumentation und Präsentation vor Entscheidungsträgern

Gesamtdokumentation

Die Gesamtdokumentation sollte arbeitsteilig (Maßnahmenplan) erstellt werden, damit die Moderation nicht über Gebühr belastet wird.

Zur Gesamtdokumentation gehören:

— die visualisierten Zwischenergebnisse (Problemdefinition, Ursachenanalyse, strategisches Ziel);

— das visualisierte Endergebnis, der Maßnahmenplan. Für die Dokumentationen können Sie Ihre tatsächlichen Arbeitsergebnisse verwenden und die eine oder andere undeutlich beschriftete Karte auswechseln und die Klarheit Ihrer Kartenanordnungen oder Ihres Maßnahmenplans optimieren;

— einen Übertrag Ihrer (Zwischen-)Ergebnisse in eine schriftliche Dokumentation. Diese sollte knapp und aussagekräftig sein. Hierfür können Sie die geclusterten Ergebnisse in Tabellenform bringen und mit einigen Sätzen erläutern, wie sie zu den einzelnen Ergebnissen gekommen sind.

Präsentation

Die Präsentation vor den Entscheidungsträgern, zu denen auch immer die betroffenen Kollegen/-innen des Arbeitsbereichs gehören, der das Problem dem Qualitätszirkel zugeführt hat, sollte informativ und überzeugend sein.

Es bietet sich folgende zeitlich-inhaltliche Strukturierung einer Präsentation an:

■ **Einleitung:**
- Vorstellung der Präsentierenden und der anderen TN,
- Vorstellung der Zirkelmitglieder,
- Nennung des Zirkelthemas und Erläuterung des Hintergrunds,

- origineller Einstieg oder attraktiver Aufhänger (z. B. Demonstrationsobjekt, Cartoon, Frage ans Publikum, aktuelles Ereignis),
- Abgrenzung des Themas,
- visualisierte und erläuterte Grobgliederung,
- Vorgehensweise (Zeitdauer der Präsentation, Fragen während oder nach der Präsentation, Zeitpunkt der Diskussion).

■ **Hauptteil:**

1. Lage- und Problemanalyse (vom Erkennen des Problems im betroffenen Arbeitsbereich bis zur Problemdefinition, unterstützt durch die visualisierten Zwischenergebnisse),
2. Ursachenanalyse (visualisiert und erläutert),
3. alternative Lösungen (falls vorhanden),
4. die beste Lösung (Maßnahmenplan).

Während die beiden ersten Schritte die Präzisierung des Bedarfs an Problemlösung vornehmen, befassen die Punkte 3. und 4. mit der Problemlösung selbst, das heißt Sie arbeiten die Kerninformationen und den Nutzen für den betroffenen Arbeitsbereich, für die Kollegen/-innen und das Unternehmen heraus.

Bedenken Sie: Nur wenn Sie aufzeigen können, dass man Ihre Lösung tatsächlich und notwendigerweise braucht, werden Sie optimal überzeugen können.

■ **Schlussteil:**

- Fazit der Präsentation (Herausstellen des Wesentlichen): Zu Beginn des Schlussteils können Sie die Anwesenden diskutieren lassen, inwieweit sie den Maßnahmenplan für sinnvoll erachten. Sie sollten in diesem Falle die Argumente sammeln (am besten auf Kärtchen oder am Flipchart) und über die abschließende Zusammenfassung das Fazit der Präsentation von den TN selbst ziehen lassen. Oder aber Sie ziehen vor einer Diskussion selbst das Fazit der Präsentation.
- Zukunftsperspektive (Entwurf eines positiven und plastischen Bildes für den Arbeitsbereich ohne das bisherige Problem).
- Danksagung und Verabschiedung; gegebenenfalls Kurzabspra-

chen für das weitere Vorgehen bei Umsetzung der Lösung (Beratung durch Zirkelteilnehmende o. Ä.)

Für den zeitlichen Ablauf der Präsentation gilt: ca. 15 % der Zeit für die Einleitung, 75 % für den Hauptteil und 10 % (ohne Diskussion) für den Schlussteil.

Checkliste für den Inhalt der Präsentation:
• Sind Behauptungen und Daten abgesichert?
• Sind mögliche Einwände bedacht?
• Ist der Nutzen der Lösung(en) aufgezeigt?
• Ist die Präsentation anschaulich?
• Ist die Präsentation verständlich?
• Ist das Thema auf das Wesentliche fokussiert?
• Werden die Zuhörer/-innen aktiviert?
• Ist das Präsentationskonzept gegliedert?
• Sollen Teilnehmer-Unterlagen erstellt werden?

Umsetzung des Maßnahmenplans

Die Umsetzung des Plans erfolgt eigenverantwortlich durch den entsprechenden Arbeitsbereich.

Die Moderation oder andere Zirkelteilnehmer können auf Nachfrage die Umsetzung unterstützen, etwa wenn bestimmte Umsetzungsabläufe unklar sind. In der Regel werden die Maßnahmenpläne während der Umsetzung verändert, was nichts mit Mängeln des Plans zu tun hat, sondern in der Natur der Sache liegt: Plan und Umsetzung des Planes sind in den seltensten Fällen identisch. Wundern Sie sich daher nicht, wenn Sie gebeten werden, beratend bei Planänderungen zur Verfügung zu stehen.

Erfolgskontrolle

Auch die Erfolgskontrolle findet in dem entsprechenden Arbeitsbereich statt und gehört somit nicht mehr zu den Aufgaben des

Qualitätszirkels oder der Moderatorin beziehungsweise des Moderators.

Sinnvoll erscheint die Absprache, die Zirkelteilnehmer zu informieren, wenn der Maßnahmenplan abgearbeitet und das Problem gelöst ist. Dies trägt außerordentlich zur Motivation bei, weitere Qualitätszirkel auf den Weg zu bringen.

Grobplanung eines Qualitätszirkels

Vor der Feinplanung des Zirkels und noch vor der Vorbesprechung mit den TN sollten
– die Phasen des Zirkels,
– deren angenommene Zeitdauer,
– und die angewandten Methoden in den einzelnen Phasen
als schriftlicher Plan vorliegen. Das als Abbildung 19 wiedergegebene Formular ist ein Beispiel dafür.

Feinplanung eines Qualitätszirkels

Nachdem der Moderator oder die Moderatorin die Grobplanung im Vorgespräch von den TN hat annehmen lassen, entwickelt er/sie nun eine Feinplanung für die erste Sitzung, die dann von Sitzung zu Sitzung fortgeschrieben wird, um dem Erkenntnisprozess des Problemlösungsverfahrens Rechnung zu tragen.

Folgende Fragen sollte Ihre Feinplanung beantworten:
- Welches ist das Ziel der jeweiligen Sitzung (z. B. das Problem ist definiert)?
- Wie zergliedere ich den Sitzungsverlauf in einzelne Sequenzen (z. B. Ursachenanalyse zeitlich-inhaltlich nach S-O-B-Verfahren fein gegliedert)?
- Welche Präsentationsflächen kommen zum Einsatz und wie sollen diese beschriftet werden (z. B. Fischgrät-Modell anzeichnen und Moderationstext hinzufügen: »Zum Herausfinden der Hauptursachen bitte fünf Mal nach dem ›Warum‹ fragen.«)
- Wo findet die Sitzung statt und wie sollte der Raum vorbereitet sein (Zeitpunkt, Medien, Sitzordnung etc.)?

	Grobplanung des Qualitätszirkels		
Abteilung:			
Thema:			
Teilnehmende:			

Dauer	Phasen im ModQ	Fragestellung	Methodik
X. Vorbesprechung			
½ bis 1 Std.	Vorgespräch / Einführung	Wer sind wir? Um was geht es? Was wollen wir (nicht)?	Warming-Up
1. ModQ-Sitzung: Problembeschreibung			
2 – 4 Std.	Problembeschreibung	Wie können wir das Problem konkretisieren und nach den Kriterien der Problemdefinition begreifen?	S-O-B-Verfahren
½ Std.	Umsetzungsvereinbarung zur Überprüfung der Problembeschreibung vor Ort	Wer überprüft wie bis wann das gemeinsam definierte Problem?	Maßnahmenplan
2. ModQ-Sitzung: Ursachenanalyse			
1 Stunde	1. Auswertung der eingeholten Daten	Zu welchen Ergebnissen sind wir gekommen? Welches ist das Hauptproblem? Muss unser definiertes Problem umformuliert werden?	S-O-B-Verfahren
2 ½ Std.	2. Ursachenanalyse	Warum ist das Problem entstanden? Welche sind die Ursachen der Ursachen? Welche ist die Hauptursache?	Ishikawa-Modell, zergliedert nach S-O-B-Verfahren
½ - 1 Std.	3. Formulierung des Strategischen Ziels	Was muss erreicht werden, um das Problem gelöst zu sehen?	S-O-B-Verfahren
3. ModQ-Sitzung: Lösungsfindung			
1 Std.	1. Aufgabenanalyse	Welche konkreten Aufgaben und Teilaufgaben müssen alle erledigt werden, um das Strategische Ziel zu erreichen?	Sammlungsphase des S-O-B-Verfahrens
1 Std.	2. Aufgabensynthese	Zu welchen Aufgabenbereichen sollen die einzelnen Aufgaben zusammengefasst werden?	Ordnungsphase des S-O-B-Verfahrens Umformulierung der Überschriften in operante Teilziele
1 Std.	3. Maßnahmenplan	Welche Stelle sollte mit wem bis wann welche Teilziele erreicht haben?	Bewertungsphase des S-O-B-Verfahrens
1 Std.	Vorbereitung der Präsentation / Gesamtdokumentation	Wer erstellt mit wem bis wann die Gesamtdokumentation? Wer präsentiert wie bis wann das Ergebnis?	Maßnahmenplan

Abbildung 19: Beispiel einer Grobplanung

Als Vorlage für Ihre Feinplanung können Sie die als Abbildung 20 dargestellt Systematik verwenden (s. auch die entsprechende Vorlage im Anhang).

Abbildung 21 gibt einen Überblick über die gesamte Ablaufstruktur eines Qualitätszirkels.

155

	Feinplanung des Moderierten Qualitätszirkels				

Thema: Zu lange Wegezeiten beim Posteingang

Zirkelphase: Problembeschreibung

Zeitpunkt / Dauer: Montag, 25.10.99, 10 – 15.00 Uhr

Ort: Lösungsweg 9, Raum 13

lfd. Nr.	Zeit	Thema / Phase	Methode	Medien	Moderationstext
1	10.00 bis 10.15 Uhr	Vorstellung des Sitzungsverlaufs	Erläuterung, Nachfragen	Visualisierter Ablaufplan	1. Wo tritt das Problem auf? 2. Wann tritt es auf? 3. usw.
2	usw.				

Abbildung 20: Feinplanung eins Qualitätszirkels

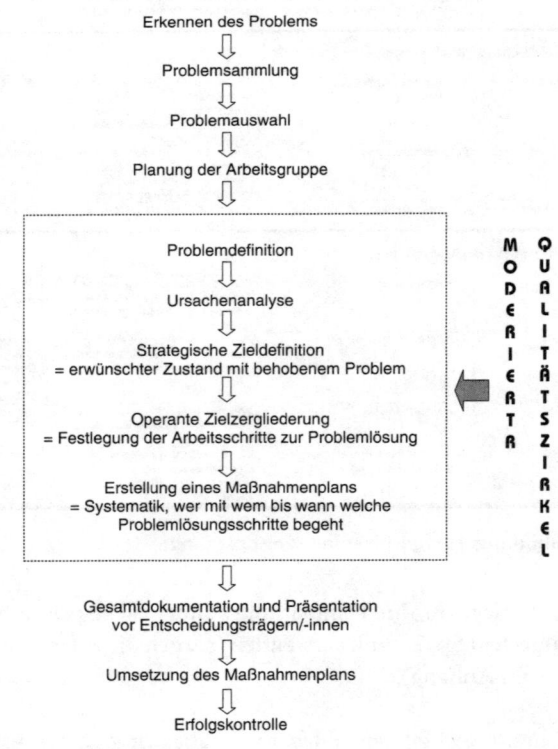

Abbildung 21: Ablauf eines Qualitätszirkels in der Übersicht

156

Literatur

Alderfer, C. P. (1972): Existence, Relatedness, and Growth. New York.

Antons, K. (2000): Praxis der Gruppendynamik, 8. Aufl. Göttingen.

Cohn, R. A. (2000): Von der Psychoanalyse zur themenzentrierten Interaktion, 14. Aufl. Stuttgart.

Doppler, K.; Lautenburg, C. (1995): Change Management. Frankfurt a. M.

Freud, A. (1984): Das ich und die Abwehrmechanismen, 15. Aufl. Frankfurt a. M.

Gage, N. L.; Berliner, D. C. (1996): Pädagogische Psychologie, 5. Aufl. Weinheim.

Geißler, K. (1986): Pädagogische Interaktion in der Erwachsenenbildung. In: Weidenmann, B.; Krapp, A. (Hg.), Pädagogische Psychologie. München.

Hentze, J. (1995): Personalwirtschaftslehre 2, 6. Aufl. Stuttgart.

Herzberg, F. (1966): Work and the Nature of Man. Cleveland.

Homans, G. C. (1960): Theorie der sozialen Gruppe. Köln.

Lewin, K. (1968): Die Lösung sozialer Konflikte. Bad Nauheim.

Luthans, F. (1985): Organizational Behavior, 4. Aufl. Tokio.

Maslow, A. (1981): Motivation und Persönlichkeit. Reinbek.

Porter, L. W.; Lawler, E. E. (1968): Managerial Attitudes and Performance. Homewood, Ill.

Richter, M. (1994): Personalführung, 3. Aufl. Stuttgart.

Rischa, K.; Titze, C. (1994): Qualitätszirkel. Effektive Problemlösung durch Gruppen im Betrieb. Renningen-Malmsheim.

Scanlob, B.; Keys, B. (1983): Management and Organizational Behavior, 2. Aufl. New York.

Staehle, W. H. (1999): Management, 8. Aufl. München.

Tuckman, B. W. (1965): Development Sequence in Small Groups. Psychological Bulletin 90: 348–369.

Vroom, H. v. (1964): Work and Motivation. New York.

Weinberger, S. (1996): Klientenzentrierte Gesprächsführung, 7. Aufl. Weinheim.

Anhang: Formulare, Checklisten und Dokumentenvorlagen

Ziel-Mittel-Planung

gesetztes Ziel: _____		Frist: _____
zu erreichendes (Teil-)Ziel	**benötigte Mittel**	**Datum der Erledigung**

Arbeitsablauforganisation

Ziel: _____	Frist: _____						
zu erledigende Teilziele	**beteiligte Arbeitsbereiche**						**Termine**

Checkliste zur Vorbereitung von OH-Projektionen: am Veranstaltungsort

Aufgabe	Bemerkungen	erledigt
genügend Projektionsfläche sicherstellen (helle Wand, Leinwand; genügend Abstand zur Wand/Leinwand)		
allen Teilnehmern/-innen **optimale Sicht** auf Projektion gewähren		
Stromanschluss überprüfen (Kabel stolperfrei?)		
Ersatzbirne vorhanden/besorgt		
Projektor so ausrichten, dass das **Bild rechts** über mir (vom Publikum aus gesehen) erscheint		
bei **Leinwand**: diese leicht **nach vorn beugen,** um Bildverzerrung auszugleichen		
Unschärfen mit Drehknopf **ausgleichen**		
Lesbarkeit durch Abstandveränderung des Projektors von der Wand optimiert		

Checkliste zur Vorbereitung von OH-Projektionen: bei Folienerstellung

Aufgabe	Bemerkungen	erledigt
mittels Ablaufmanuskript: **Reihenfolge der Folien** nach didaktisch-logischen Gesichtspunkten festlegen		
beim darstellerischen Aufbau der Folien nach **Lesegewohnheiten** richten (z. B. Abfolge von links nach rechts, oben nach unten)		
maximal 5–7 Wörter in eine Zeile		
maximal 5–7 Zeilen auf eine Folie		
Druckschrift/Groß- und Kleinbuchstaben verwenden		
Faustregel für Schriftgröße beachten: bis 12 Meter 12 mm Schrifthöhe ab 12 Meter 24 mm Schrifthöhe		
eng schreiben zur besseren Lesbarkeit		
Stichworte verwenden		
Hauptaussagen größer schreiben		
immer Sinnzusammenhang sichtbar machen		
Farbsystematisierung verwenden (z. B. wichtige Kernaussagen rot; Fragen grün)		
Symbole und Grafiken zur Veranschaulichung verwenden		

Aufgabe	Bemerkungen	erledigt
Visualisierung von Zahlenwerten mittels Kurven-, Säulen- oder Kreisdiagrammen		
bei **Statistiken Teilausschnitte** von Tabellen verwenden		
komplexere grafische Darstellungen mittels »Sandwich-Technik« (mehrere Folien übereinandergelegt ergeben Gesamtgrafik) zerlegen		
Clip-Arts (druckbare bildhafte Darstellungen, z. B. Comics) als Auflockerung verwenden		
Folienrahmen verwenden		

Grundsätze:

- **weniger ist oft mehr**
- **ein gutes Bild sagt mehr als tausend Worte**

Grobplanung des Qualitätszirkels Blatt 1

Abteilung: _____

Thema: _____

Teilnehmende: _____

_____

_____

_____

Dauer	Phasen im ModQ	Fragestellung	Methodik
X. Vorbesprechung			
1. ModQ-Sitzung: Problembeschreibung			

Grobplanung des Qualitätszirkels Blatt ___ von ___
Thema: _____

Dauer	Phasen im ModQ	Fragestellung	Methodik
___. ModQ-Sitzung:_____			

Feinplanung des Moderierten Qualitätszirkels

Blatt Nr. _____

Thema: _____

Zirkelphase: _____

Zeitpunkt/Dauer:_____

Ort: _____

lfd. Nr.	Zeit	Thema/ Phase	Methode	Medien	Moderationstext

Checkliste zur Vorbereitung und Durchführung von Präsentationen

Aufgabe	Bemerkungen	erledigt
Raum und Medien eingerichtet		
Ablaufplan erstellt		
Behauptungen begründet		
Zahlen und Daten gesichert (Quellenangabe)		
Bedenken möglicher Einwände		
Aufzeigen des konkreten Nutzens der Lösungen		
Präsentation anschaulich aufbereitet		
Stichwortkonzept erstellt		
Thema auf das Wesentliche fokussiert		
Zuhörer/-innen aktiviert		
An Erfahrungen der Zuhörer/-innen inhaltlich angeknüpft		
Präsentationskonzept gegliedert		
Teilnehmer-Unterlagen erstellt		